Laço de fita

Elieni Caputo

Laço de fita

Quixote + Do
EDITORAS ASSOCIADAS

Catalogação na publicação
Elaborada por Bibliotecária Janaina Ramos – CRB-8/9166

C255

Caputo, Elieni

Laço de fita / Elieni Caputo. – Belo Horizonte: Quixote+DO, 2022.

100 p.; 14 X 21 cm

ISBN 978-65-86942-51-4

1. Psiquiatria. 2. Internação. 3. Saúde mental. 4. Linguagem. 5. Biografia. 6. Autoficção I. Caputo, Elieni. II. Título.

CDD 616.89

Índice para catálogo sistemático

I. Psiquiatria

Revisão • Flávia Figueirêdo

Capa, projeto gráfico e diagramação • Dúnya Azevedo

Edição de fotos • Fabiana Leite e Dúnya Azevedo

Conselho editorial • Alencar Fráguas Perdigão

Editora responsável • Luciana Tanure

Editor • João Camilo de Oliveira Torres

Assistência editorial • Sofia Rossi

Comercial • Cláudia Masini

Redes sociais • Claudia Brandão

Tecnologia de informação • Alessandro Guerra

Nesta edição respeitou-se o acordo ortográfico da língua portuguesa de 1990, que entrou em vigor no Brasil em 2009.

Quixote+Do Editoras Associadas
Rua Alagoas 1270 - sala 304
www.quixote-do.com.br
https://www.facebook.com/QuixoteDoEditora/
https://www.instagram.com/quixote.do/
https://www.youtube.com/c/QuixoteDoEditorasAssociadas

À criança que fui um dia.
Ainda a vejo em quase todos os lugares...

PREFÁCIO

Nadiá Paulo Ferreira

> *"Não é o medo da loucura que nos vai obrigar a hastear a meio-pau a bandeira da imaginação."*
> André Breton, Manifesto Surrealista, 1924.

Elieni, em Laço de Fita, escreve em primeira pessoa, tal qual Guy Maupassant, no conto *Le Horla*, 1887 (versão definitiva), provocando no leitor a sensação de um relato biográfico. Sem dúvida, a escolha do diário como gênero leva o leitor a uma certeza enganosa. Certeza que seria "confirmada" pela biografia dos autores. Guy de Maupassant morreu aos 42 anos, em 6 de julho de 1893, em um hospital psiquiátrico. Elieni Caputo escreve:

> Endoidar muita gente endoida. Se você é milionário, vira uma coisa excêntrica, exótica – à vezes te internam se encher o saco demais. Se for preto e pobre, toma porrada da polícia, vai parar na cadeia, num manicômio judiciário, vira mendigo, andarilho, toma tiro.
>
> Eu era aquele meio termo indefinido, nem cá nem lá, nem uma coisa nem outra. Classe média. Então acharam um equilíbrio razoável: a internação na marra, à força.

Elieni foi pega à força no lugar onde trabalhava. Este acontecimento irá fazer parte de sua biografia, como as internações em sanatórios já fazem parte da biografia do genial escritor Lima Barreto.

Leitor, preste atenção ao que vou perguntar. Afinal de contas o que é a Loucura? Respondo com Fernando Pessoa:

> Minha loucura, outros que me a tomem. Com o que nela ia.
> Sem a loucura que é o homem. Mais que a besta sadia,
> Cadáver adiado que procria?
> (Mensagem. Primeira Parte: Brasão. QUINTA / D. SEBASTIÃO, REI DE PORTUGAL)

Loucura, Insanidade etc... são palavras (significantes) que fazem parte dos discursos médico e psicológico. Significado, aliás, que é usado tanto no quotidiano, quanto no discurso universitário. O diferente é o Outro: o Louco. Justamente pela opressão da maioria silenciosa, o lugar do louco é o Hospital. É certo que o movimento antipsiquiatria desnudou os hospitais psiquiátricos, que se revelaram presídios, onde a tortura, quer pela via da medicação, quer pela via do castigo eram usados como "cura". Elieni, a escritora, ilustra isto muito bem com o depoimento de sua personagem:

> Sua louca, sua louca, ela gritava. Ela achava que isso era ofensivo, é? É que não acham um xingamento pior que louco, então xingam o próprio louco de louco, um pleonasmo vicioso.

Em alguns momentos, surge a voz do narrador, que quebra a relação especular entre a escritora e a personagem, para tecer severas críticas à psiquiatria:

> Os psiquiatras são uma polícia bem mais injusta que as instituídas civil e militar, asseguro. Louco não tem direito de impetrar habeas corpus.
>
> Todos cumprindo seu dever, cumprindo ordens, fazendo apenas seu trabalho, amarrar e despejar o lixo tóxico em algum local isolado. O lixo orgânico/hospitalar ainda se movia e gritava, era preciso calar. Enfiaram a maca com a louca amarrada no elevador, desceram vários andares até o Pronto Socorro que dava saída para a ambulância que aguardava com a parte traseira aberta. (...)

A narrativa se tece de fragmentos, em que o sujeito ficcional, que é o narrador, e objeto narrado, que é a personagem, se misturam.

> Os psiquiatras vivem num limbo, de modo que não são nem médicos nem polícia. Servem o Deus Estado, o Deus indústria farmacêutica, CID 10, DSMIV, DSMV, o Deus mercado. Sempre foram uma forte engrenagem eugênica.
>
> A psiquiatria agora adquire contornos sem precedentes com o inchaço cada vez maior dos manuais de transtornos mentais, onde se inserem doenças capazes de abranger todos os indivíduos e transformá-los em consumidores potenciais de psicotrópicos. De forma que a outrora minoria dos doen-

> tes mentais agora é quase toda a sociedade nesse sentido de venda e consumo. E quem não consumir daqui em diante algum antidepressivo, ansiolítico e tal, será suspeito para o sistema.Não pode ser normal, né?

É importante ressaltar o modo pelo qual se tece a narrativa em *Laço de fita*, retomando a tradição, em língua portuguesa, da obra de Ana Hatherly, intitulada *Tisanas*. Essa obra se compõe de fragmentos em prosa, enumerados na medida em que são produzidos. *Laço de fita* é uma narrativa, também tecida por fragmentos em prosa, nos quais predomina o tom confessional, às vezes interceptado pela interferência do narrador.

> (...) Mulher sozinha, esquisita e bonita sempre é mal vista, sabe? Geral se prepara pra dar o bote. Vacilou, já era. E eu dei bobeira, demais.

> (...) Eu era aquele meio termo indefinido, nem cá nem lá, nem uma coisa nem outra.

> (...) Mas crime contra a ordem e a propriedade nesse país dá pena de morte. Física ou simbólica.

Nesses fragmentos narrativos em que uma história é contada, a escritora recorre à técnica da colagem, introduzida pelas Vanguardas, e muito utilizada pelo Futurismo: fotos de documentos, que têm como função dar um caráter realista à narrativa; foto do rosto da autorapersonagem em preto e branco, em que seus olhos, um pouco para baixo, nos dão a sensação de um silêncio sem decifração; outra foto em preto e branco em que aparece do lado direito o rosto de Frida Kahlo; em seguida, a foto do auto-retrato em *Colar de Espinhos e Beija-flor* de Frida Kahlo. A partir daí, temos uma sequência de fotos em preto e branco da autora, seguida de outras colagens, como os retratos de manuscritos escritos pelo síndico do prédio onde morava e pela equipe técnica do hospital. Estes, por sua vez, funcionam como provas para dar um caráter realista à narrativa: a internação da "autora-narradora" realmente aconteceu... Mas esse matiz surrealista, seguido de documentos, que comprovam a verdade da escritura, nos remete não só à experiência da autora com a loucura, mas também ao modo como o "louco" é tratado nos hospitais de nosso país.

Entretanto, leitor, não pense que estamos diante de um texto realista que irá lhe dizer o que realmente aconteceu...

> Esta é uma obra de ficção. Os acontecimentos e pessoas nela mencionados, embora reais, foram submetidos à fabulação, ao inconsciente e à fantasia.

Não poderia deixar de acrescentar a influência do surrealismo na escrita de Elieni. André Breton, no *Manifesto do Surrealismo* (1924), estabelece uma antítese entre a vida real e a imaginação. A primeira é definida como um "destino sem luz" e a segunda como uma imaginação livre, mas, a qual se associa à loucura. Diz Breton:

> Todos sabem, com efeito, que os loucos não devem sua internação senão a um reduzido número de atos legalmente repreensíveis, e que, não houvesse estes atos, sua liberdade (o que se vê de sua liberdade) não poderia ser ameaçada.

E o que nos conta Elieni?

> O máximo que fiz em surto, juro, foi jogar as calcinhas da vizinha no telhado.

E o que nos fala Breton:

> Que eles sejam, numa certa medida, vítimas de sua imaginação, concordo com isso, no sentido de que ela os impele à inobservância de certas regras, fora das quais o gênero se sente visado, o que cada um é pago para saber. Mas a profunda indiferença de que dão provas em relação às críticas que lhe fazemos, até mesmo quanto aos castigos que lhes são impostos, permite supor que eles colhem grande reconforto em sua imaginação e apreciam seu delírio o bastante para suportar que só para eles seja válido. E, de fato, alucinações, ilusões, etc. são fonte de gozo nada desprezível.

Do gozo da escrita nasce a invenção de uma história em que os eventos narrados aconteceram... Mas isso não tem a mínima importância, porque os acontecimentos se transformam em matéria prima para a ironia corrosiva do narrador:

Veja: o destino é capaz de traçar e tecer ironias maiores que os maiores gênios nessa técnica. Antes de ser internada, eu tinha dado uma palestra no hospital sobre

Mais uma vez, o recurso da colagem, técnica tão a gosto dos poetas de vanguarda (cubismo,1907, futurismo, 1909).

> Na colagem os surrealistas apreciaram principalmente o processo no qual o uso da imagem do que é supostamente real a transforma numa outra realidade resultante da poesia plástica. Foi a partir desse princípio que Max Ernst iniciou suas experimentações com a técnica, percebendo que o processo não se dá apenas no ato de colar, mas sim na relação com a imagem, desde o momento da escolha, passando pelo recorte, ou seja, o distanciamento que se faz da imagem em relação a seu cenário normal, indo para o ato de colar, ou simplesmente unir esse elemento a outros, dando a ele outro significado na composição, utilizando-se de seu significado anterior. Esse procedimento é presente em esculturas, em músicas, espetáculos teatrais, em todo tipo de obra, independentemente do uso de cola, papel ou tesoura para sua realização. A essa linguagem Max Ernst deu o nome de collage. (FONSECA, Aline Karen, Collage: a colagem surrealista. In: Revista Educação-UNG-SER. v. 4, N 1, 2009, p. 54).

Um cartaz, que visava informar uma palestra, retirado do contexto, se transforma em uma crítica contundente, mordaz e triste ao tratamento psiquiátrico no Brasil.

Enfim, leitor, convido-o à leitura de *Laço de Fita*, feita em fragmentos, que nos enlaçam de forma pungente a dor de existir...

Roland Barthes talvez imaginasse o mundo da linguagem como um imenso e perpétuo conflito de paranoias. Só sobrevivem os sistemas (as ficções, os falares) bastante inventivos para produzir uma derradeira figura, a que marca o adversário sob um vocábulo semicientífico, semiético, espécie de torniquete que permite ao mesmo tempo constatar, explicar, condenar, vomitar, recuperar o inimigo, em uma palavra: *fazê-lo pagar*.

Você vira Deus por vários motivos, sabe. Por nunca ter sido alguém, porque não gosta da humanidade, porque gosta demais, pra não ter que ouvir ninguém, porque não tem ninguém. Em alguma proporção, tudo se refere ao caso.

O caso é que eu tinha me separado de tudo, de todos, o último vínculo com o mundo, o trabalho de psicóloga no hospital, no setor de doenças infecciosas.

Fui morar sozinha em uma quitinete de 10 m^2 que, em pouco tempo, se converteu em panela de pressão.

Eu tinha me separado de todos, mas errei no ponto crucial.

Qual?

Mulher sozinha, esquisita e bonita sempre é mal vista, sabe? Geral se prepara pra dar o bote. Vacilou, já era. E eu dei bobeira, demais. Endoidar muita gente endoida. Se você é milionário, vira uma coisa excêntrica, exótica – à vezes te internam se encher o saco demais. Se for preto e pobre, toma porrada da polícia, vai parar na cadeia, num manicômio judiciário, vira mendigo, andarilho, toma tiro.

Eu era aquele meio termo indefinido, nem cá nem lá, nem uma coisa nem outra. Classe média. Então acharam um equilíbrio razoável: a internação na marra, à força.

O laço, a forca.

A desproporção das violências, no dado e no sofrido, é de ficar de cara. O máximo que fiz em surto, juro, foi jogar as calcinhas da vizinha no telhado.

E fiz uma limpeza no corredor das quitinetes às duas ou três da manhã, um favor, né?

Mas crime contra a ordem e a propriedade nesse país dá pena de morte. Física ou simbólica.

O monitoramento do edifício das quitinetes filmou tudo e a ordem tava dada, despejo. Eu rasguei a primeira carta que me obrigava a abandonar o local, sobraram essas outras aí.

RESIDENCIAL

Ilmo. Srª.
Elieni Cristina da Silva Amorelli Caputo

São Paulo - SP

Através da presente, em razão do descumprimento das normas regulamentares do edifício, estamos **ADVERTINDO**, pelos seguintes motivos:

MOTIVO – No dia 10/12/2015 por volta das 18:30 horas, conforme gravação do sistema de segurança, a moradora adentrou na área da lavanderia retirando todas as roupas de moradores que estavam nos varais e arremessando-as por cima do muro da área da lavanderia, caindo as mesmas num terreno abandonado ao lado do Residencial e em cima do telhado das casas vizinhas, deixando os moradores sem poderem dispor de suas roupas, infringindo dessa forma o **Regulamento Interno, no Capítulo VI – Das penalidades em seu artigo 44º por comportamento Anti-Social, gerando incompatibilidade de convivência com os demais moradores.**

São Paulo, 11 de Dezembro de 2015.

Edifício Residencial
COM. DE ADM.

RESIDENCIAL

Ilmo. Srª.
Elieni Cristina da Silva Amorelli Caputo

São Paulo - SP

Através da presente, em razão do descumprimento das normas regulamentares do edifício, estamos **ADVERTINDO**, pelos seguintes motivos:

MOTIVO – Na madrugada do dia 14/12/2015 por volta das 03:15 horas, conforme gravação do sistema de segurança, a moradora iniciou um trabalho de lavar o corredor de acesso a sua unidade, jogando água e esfregando com rodo o chão, e também batendo a porta de sua unidade por diversas vezes, perturbando o sossego dos moradores em seu andar e todos os demais moradores dos outros andares do Residencial, desrespeitando assim a Lei do Silêncio(das 22:00 às 8:00 horas) e infringindo dessa forma o **Regulamento Interno, no Capítulo VI – Das penalidades em seu artigo 44º por comportamento Anti-Social, gerando incompatibilidade de convivência com os demais moradores, salientando que ocorrem diversas reclamações dos moradores**.

São Paulo, 14 de Dezembro de 2015.

Edifício Residencial
COM. DE ADM.

Pra completar, o dono do prédio mostrou as merdas das filmagens no hospital que eu trabalhava.
Pra quê?
Pra buscar aliados contra mim, claro, pra eu deixar logo sua propriedade, seu "residencial". Tava na iminência de dar prejuízo pra ele, coitado, de afastar outros inquilinos. Tava muito puto e queria que desocupasse logo a kit... Mas foi bem pago o desgraçado: fiquei lá um mês e ele ficou com o depósito de três, e nem assim se deu por satisfeito. Encrencou depois por causa de um controle remoto que eu tinha jogado no lixo, o mesquinho.
Perdeu o controle?
Total.
Como o meu comportamento estranho já vinha perturbando a ordem no local de trabalho, com as filmagens do locador conseguiram o aval de fato pra fazer o procedimento involuntário, a internação na marra.

Amarra ela. Pega pega. Amarra ela. Pega ela.

Por que eu joguei a porra das calcinhas da mulher no chão, no telhado, no vão da casa vizinha? Era mania de perseguição, enxerguei na fuça dela uma inimiga, aquela cara de escrota que se acha, de mimada.
Gente da laia dela sempre me esculachou mesmo, então foi justo, mas a justiça foi retardatária, na hora errada.
Freud explicou que a origem do trauma estava em não descarregar o afeto, em resposta ao evento desagradável desencadeador, na hora certa. Então, a tendência é ficar repetindo e repetindo situações semelhantes à passada na tentativa de despejar o que não pôde ser feito na hora exata. Veja, a escolha da situação que repetirá o trauma não é aleatória: algum traço da situação passada evoca a resposta. No caso específico, a fuça de patricinha.
A descarga retardatária. Que tarda e falha.
Sua louca, sua louca, ela gritava. Ela achava que isso era ofensivo, é? É que não acham um xingamento pior que louco, então xingam o próprio louco de louco, um pleonasmo vicioso.

E a limpeza no corredor foi porque me deparei, de madrugada, com uma barata na cama e, óbvio, achei que um vizinho tinha colocado o bicho ali, então a assepsia era imperativa. O que mais indignou um dos idiotas foi eu pegar o pano da entrada da porta dele e usar na limpeza. Ele se identificou com o capacho e se sentiu muito ofendido, coitado, indignado porque eu tava usando seu trapo privado. Deviam agradecer a faxina gratuita, mas ameaçaram chamar a polícia, queriam dormir. E ficaram só na ameaça.

Afinal a minha cara dava medo.

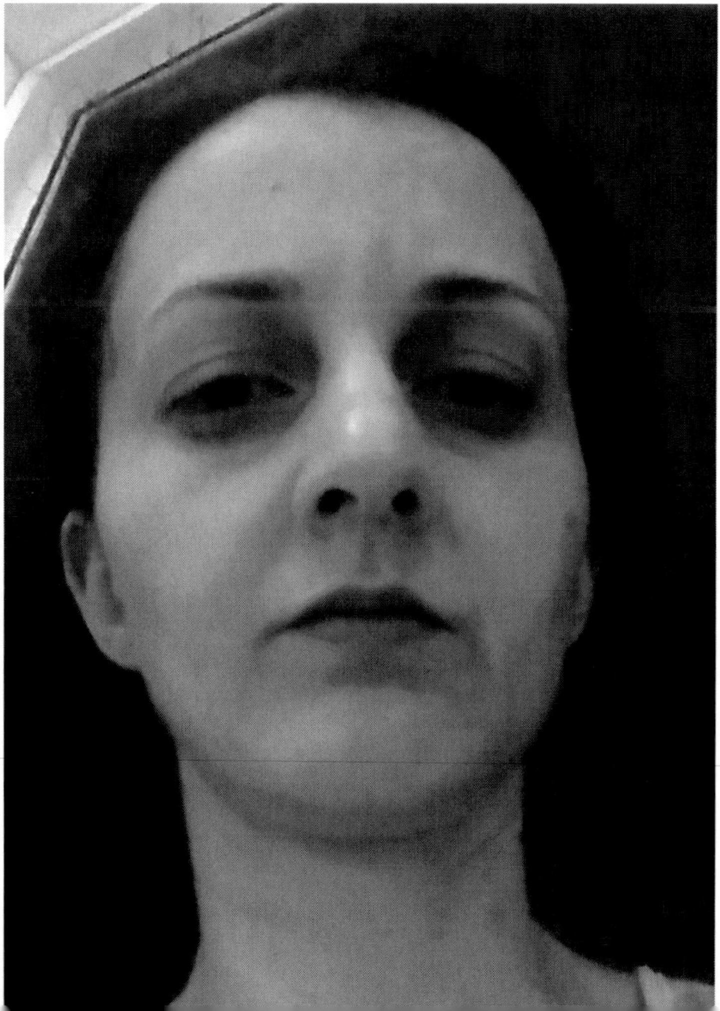

O que eu ia fazer se acatasse a ordem de despejo? Ia acabar indo morar no meu carro, estacionado em frente à quitinete, e também em frente a um posto de polícia. Ia dormir de boa no banco do carro compacto, apertado, mas menos horrível que a asfixia geral do mundo. Ia virar mendiga.

Ninguém pra ajudar?

Eu não tinha ninguém, não tinha como alugar outra coisa naquele estado. Minha paranoia envolvia redes de banco: até pra sacar dinheiro eu tinha dificuldade, muito menos ia conseguir assinar contrato. A paranoia envolvia correspondências, alimentos, tudo, tudo, tudo envenenado, contaminado.

Envolvia o GPS: às vezes eu ficava circulando de carro sem chegar ao destino, às vezes horas sem rumo, horas a fio sem conseguir voltar.

Que perigo!

Corri risco, até que desisti de usar o carro, e depois desisti também do transporte público.

O meu entorno, a minha rede social de laços e apoio estava preparando o meio-termo, o desfecho adequado.

Qual?

Branca, funcionária pública, pegava mal ficar na rua que nem mendiga.

Pegava mal pra eles, não pra mim. A internação, a melhor opção. Pra eles.

A internação involuntária

Então armaram o bote. Eu trabalhava com um psiquiatra que veio com um papo torto "estou falando agora como médico."

A famosa carteirada?

Não era mais o coleguinha, era o médico, o dotô, a síndrome do pequeno poder mostrando a garrinha. Ele tinha que reforçar que era médico porque todos os outros dotô dali viam a especialidade dele como inferior, assim como ele via a minha área como menor, e assim por diante. Uma corrente de esculhambação.

A psiquiatria é uma especialidade inferior não só ali, mas em todos os espaços médicos. Vale menos, é menos científica porque lhe falta, aparentemente, aquele quê de carne e lesão que comprova o sintoma. Especialidade menor desde o começo, embora tenha sido a pioneira, primeira. Enfim, pouco empírica.

Naquele momento, o tal psiquiatra se sentiu o poderosinho, era o momento imperdível e irrepetível em que os poderosos do hospital não estavam cagando na boca dele. Era agora o responsável por restabelecer a ordem que eu atacara, oportunidade única de mostrar serviço. E óbvio, isso tinha que ser feito em público, a olhos vistos.

Com a maior plateia possível?

Só te digo, dotô, que tu é um Merda, me processa? Vou deixar claro com quem tu tá falando agora, ok?

Os psiquiatras vivem num limbo, de modo que não são nem médicos nem polícia. Servem o Deus Estado, o Deus indústria farmacêutica, CID 10, DSMIV, DSMV, o Deus mercado. Sempre foram uma forte engrenagem eugênica.

A psiquiatria agora adquire contornos sem precedentes com o inchaço cada vez maior dos manuais de transtornos mentais, onde se inserem doenças capazes de abranger todos os indivíduos e transformá-los em consumidores potenciais de psicotrópicos. De forma que a outrora minoria dos doentes mentais agora é quase toda a sociedade nesse sentido de venda e consumo. E quem não consumir daqui em diante algum antidepressivo, ansiolítico e tal, será suspeito para o sistema.

Não pode ser normal, né?

É, eu não fui a consumidora ideal desses suprimentos, então foram necessários procedimentos mais invasivos, o manicômio.

Veja: o destino é capaz de traçar e tecer ironias maiores que os maiores gênios nessa técnica. Antes de ser internada, eu tinha dado uma palestra no hospital sobre

Você que lute pra não ir parar no manicômio, tá? Porque eu fui parar no hospício, no cárcere psiquiátrico. Os psiquiatras são uma polícia bem mais injusta que as instituídas civil e militar, asseguro. Louco não tem direito de impetrar habeas corpus.

E o que aconteceu depois da carteirada?

Eu tentei fugir, mas o merda botou o braço na passagem da porta, obstruindo a saída, então enfiei o soco mesmo, quem era ele pra me prender ali?

A partir do plano já armado chegaram vários auxiliares de enfermagem, uma legião de pobres coitados humilhados o dia inteiro pelos superiores vendo ali a oportunidade de humilhar alguém em pior estado. O primeiro passo da condução coercitiva...

A foto do dia exato, eu não poderia esquecer, é essa, eu não poderia esquecer da roupa que vestia.

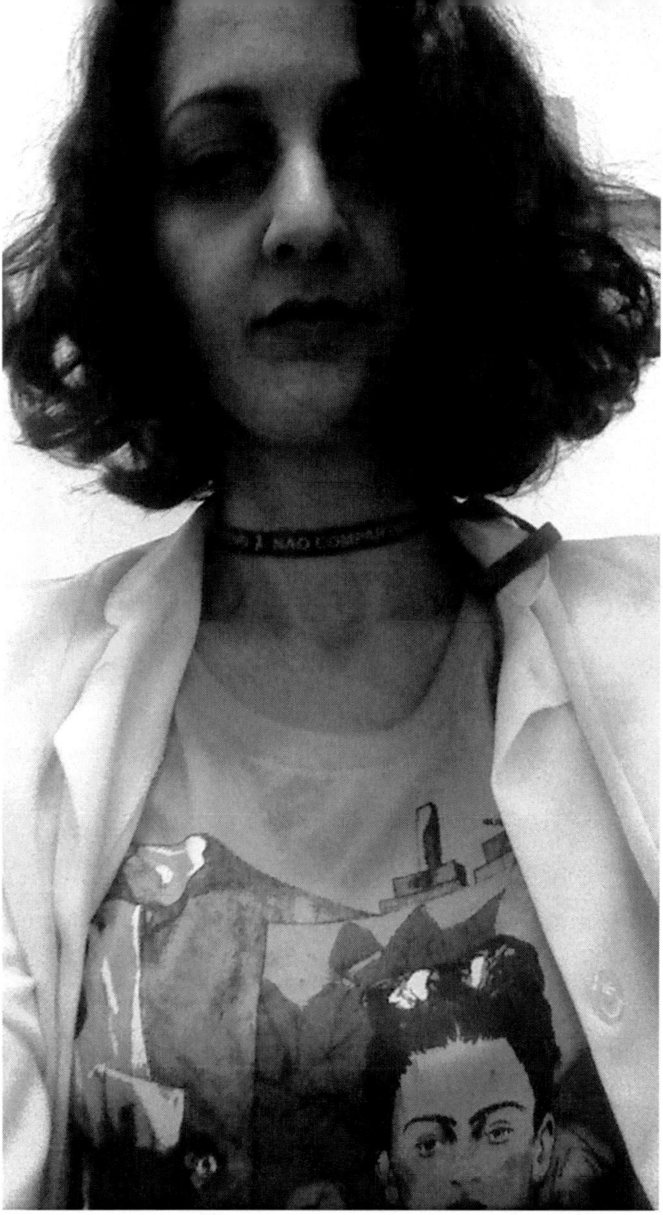

E me tacaram na maca, eu chutando, xingando geral, eles me amarrando com aquelas ataduras de hospital que cortam a circulação. Eu pedindo ajuda a entidades imaginárias que obviamente não me socorreram.

Minha vida toda fora povoada por entidades imaginárias que nunca me socorreram. Inclusive minha mãe e meu pai, mas isso é assunto pra algumas páginas adiante.

Na luta corporal injusta, eu contra uns sete, eu me recusando a entregar a chave de casa com a mão cerrada o mais forte possível. O bando conseguiu me tomar tudo, bolsa, chaves, celular, tudo, só sobrou a roupa do corpo. O bando de assaltantes, a legião. Eu preparada pra ir pro abate, aguardava que meu corpo fosse picado em seguida, em carne viva.

Amarrar era algo que eles faziam direto, cotidianamente com os pacientes do hospital, cordialmente, a corda. Uma cena que tava martelando na minha cabeça pouco antes de me pegarem foi a de um paciente esquizofrênico que continuou na cama, com os braços estirados, como se estivessem amarrados, horas e horas depois da amarração de fato (eu que desamarrei). De certa forma, eu já intuía que minha sina seria a mesma, já pressentia. Olha o que postei na época, essa pintura da Frida de fundo no face.

Muitas vezes protestei contra as cenas grotescas no hospital, mas no fim o feitiço virou contra a feiticeira, a bruxa. Todos cumprindo seu dever, cumprindo ordens, fazendo apenas seu trabalho, amarrar e despejar o lixo tóxico em algum local isolado.
O lixo orgânico/hospitalar ainda se movia e gritava, era preciso calar.
Enfiaram a maca com a louca amarrada no elevador, desceram vários andares até o Pronto Socorro que dava saída pra ambulância que aguardava com a parte traseira aberta. Do lado dela, meu pai esperando, deram minha bolsa pra ele. Eu, a mala sem alça, fui colocada no porta-malas.
Veja como é a vida: esse foi o único show meu a que meu pai compareceu, e assistiu de camarote. Formatura de psicóloga? Não. Ele preferiu celebrar o diploma de louca. Mamãe, nem nesse evento apareceu, Aparecida se escafedeu. Perdeu, o show foi bom, um bafão do bufão aqui.

O transporte

Então, me tucharam atrás da ambulância, o meu pai na frente, o psiquiatra na frente. Eu berrando de dor e desespero o percurso todo. Não sei quanto tempo fiquei ali, mas foi uma eternidade pra mim.
O tempo em verdade é relativo...
Os dois na frente. Atrás, comigo, uma auxiliar de enfermagem que até hoje não descobri qual era a função dela ali, naquela situação?
Qual?
Não moveu uma palha enquanto eu berrava devido à dor das ataduras entranhadas na pele e à dor de quem aguarda o abate. Pedi pra ela afrouxar um pouco, só um pouco, o mínimo que desse, dói demais... ela expressava indiferença, sequer ouvia. A auxiliar do bando ficou sentada o tempo todo ouvindo meus gritos como quem ouve música de elevador, música pros ouvidos, a dor.
Não afrouxou nada?
A circulação do braço estancada, as veias cortadas pelos capilares

emaranhados do poder, ninguém escapa.

A louca separada classe média ali era a possibilidade de catarse porque veja, porque em algum momento da história do bando não houve a justiça na hora exata. É assim que o tempo da justiça funciona, tarda e falha. A mulher das calcinhas recebeu a vingança no lugar da loira burguesinha que me esculachou um dia na escola. O alvo da vingança é aleatório, não tanto, porque o alvo da descarga tem sempre certa cara

O bode expiatório

Enfim, enfia esse discursinho de empatia naquele lugar porque na prática as coisas não funcionam bem assim, como você acha. A realidade nua e crua é outra coisa, é feita de ódio represado.

A descarga em breve efetuada. A descarga da carga vencida na clínica após a condução coercitiva.

O motorista

Resolvi dar esse capítulo brevíssimo pro motorista porque foi o único que demonstrou algum constrangimento e certa tristeza no olhar perante aquela situação. Talvez tenha enxergado um pouco da própria miséria em mim, mas não podia fazer nada, coitado, só dirigir para despejar a mercadoria estragada na clínica.

O descarregamento

Despejaram a encomenda biológica cheia de hematomas nos braços, a encomenda roxa com laços, a encomenda viva. Descarregaram numa clínica particular porque acreditavam, até então, que a encomenda tava com plano de saúde.

Mas a imbecil, filha da puta da paciente tinha cancelado o convênio uma semana antes. E, apesar de já estar em surto quando fez isso, o plano não arcou com nada. Palavra de louco só é válida se der lucro, do contrário não vale nada.

E aí sobrou pro pai pagar. Disse que ia arcar, mas vazou rápido da clínica, nunca mais voltou e pagou o referente a uns dias. O restante foi o ex-marido que arcou, umas três semanas no primeiro estabelecimento.

A mercadoria vencida ficou uns cinco dias sem roupas limpas porque ninguém se dispôs a levar umas mudas, nem a clínica se dispôs a oferecer. Então começou a feder a carniça.

O primeiro compartimento onde colocaram a mundiça foi um cercadinho fechado, uma gaiolinha com mais uns dez infelizes que não falavam coisa com coisa ou só dormiam e cagavam. A gaiola dos loucos. Os enfermeiros sádicos arrombados dopavam em série, medicavam o gado.

No cercadinho, ficava homem, ficava mulher, tudo junto, até evoluir, se fosse bonzinho, pro espacinho mais aberto, com sol e tal, sabe? Onde os sexos eram separados.

E você conseguiu ir pro lugar do sol?

Então um dia, sem saber o motivo, as hienas me falaram, como se eu estivesse recebendo um benefício, que eu tinha evoluído de grau e ia pra esse espacinho mais amplo, um alívio pro suplício. Nossa, que alegria eu senti naquele momento, você nem sabe...

O delírio, o descarrilamento

Eu sei que você tá curioso pelo conteúdo do delírio.

Pois é, eu tô...

É o tipo de coisa que atiça a curiosidade, né, mas já adianto que não há nenhuma novidade, nada de muito criativo, nada que alguém já não tenha delirado alguma vez. A humanidade é muito repetitiva. Eu achava que era o messias e que havia uma conspiração mundial contra mim que assumia a forma de redes de computadores e comunicações.

Bem comum em surto...

Tentei trocar o chip do celular, tentei trocar senhas e, como tava muito louca, esqueci a nova senha que criei, mas pensei, naquele tempo, que era hackeamento. Mas foi bom esse bloqueio de acesso involuntário temporário, pra não dar mais bafo na internet.

Deu muito vexame?
Essa foto cheguei a postar, assim, aparentemente nada de mais.

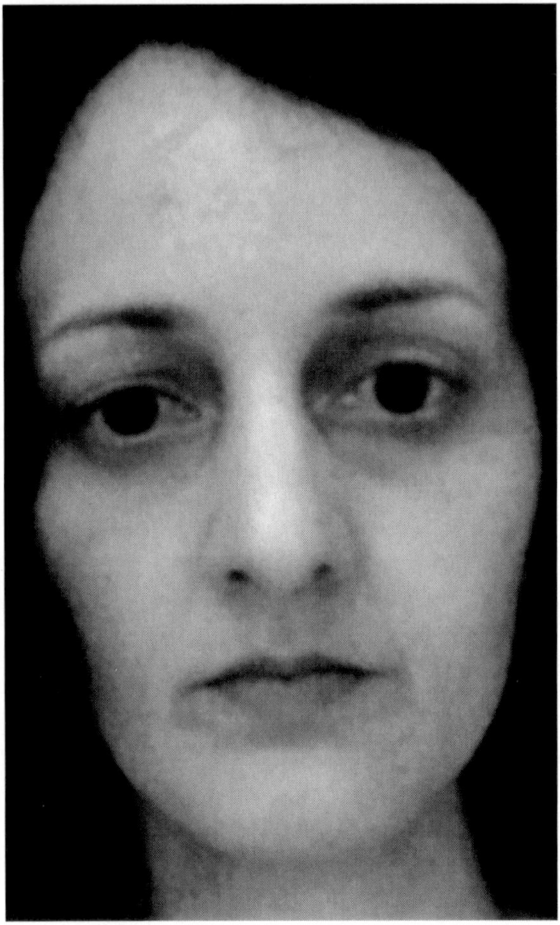

Havia talvez algum grau de inovação na minha loucura, nada no mundo é mera repetição, é?
Sei não.
Então, eu me via como uma fusão de deidades hindus como Ganesha e Shiva, e também como o Cristo. Em síntese divina femi-

nina, uma manifestação da filha de Elysium schilleriana da Nona Sinfonia. Todas essas imagens eu via conforme o ângulo da minha face, conforme o foco. Focos de santidade, de profanação. E de êxtase.

Focos no corpo.

Chagas...

A habilidade da dança e o hibridismo com a mariposa se manifestavam como força divina em meu corpo. Eu era obrigada a obedecer aos chamados dos deuses pra salvar o mundo, a girar e a dançar. E dancei no prédio, tudo filmado.

A obrigação dos giros às vezes ocorria no meio da rua. A voz dava as ordens quando bem entendia, sabe, autoritária, mandava.

Sei

Mas a voz alucinatória não tem nada a ver com a acústica do dia a dia, com o pavilhão auditivo, é como a que ouvi agora. Era um ímpeto de consciência irrefreável, impossível de escapar – não dá pra dizer não a Deus, eu aprendi isso desde cedo e estava treinada pra missão messiânica. Não era possível negá-la, mesmo que isso implicasse morrer de insolação, de inanição, de desidratação, de fome. Eu estava disposta, pronta para a guerra invisível, eu o soldado infalível.

Um dia, fiquei plantada na calçada de uma rua próxima de casa porque recebi o chamado pro combate. Não totalmente parada, me movimentava em pequenos círculos, lentamente, em dança que eu esperava não fosse visível pros transeuntes. Eu mantinha certo pudor, certa vergonha, sabe?

Sei sei...

Tinha que ter alguma discrição, afinal eu tava na rua e, apesar de surtada, mantinha alguma noção do ridículo, alguma centelha de crítica acesa. Na ocasião, houve uma ventania anunciando chuva, um redemoinho. Vi muitos insetos próximos, que simbolizavam pra mim as forças do mal. O redemoinho cheio de poeira se aproximava e, com meu poder, precisava vencer os espíritos malignos. E meu espírito divino se manifestava no brotar de asas que sentia nas costas, as asas da mariposa, filha de Elysium.

Os ataques recebidos eram

raios, altas frequências emitidas por aviões e aparelhos eletrônicos capazes de derreter meu cérebro e olhos, que se regeneravam pela força divina manifestada nas veias dilatando, a cartografia sanguínea. Sangue de Jesus tem poder! Meus membros eram triturados e se refaziam.

Os ataques também vinham de campos minados. Tudo o que eu pisava estava prestes a explodir. Era preciso tornar o passo minucioso, preciso.

O erro, proibido.

Minha música preferida de Nina Simone é *Ain´t got no*, mas nem essa letra diz direito o que aconteceu comigo porque nem a certeza de possuir os miolos e olhos eu tinha.

Figuras demoníacas me atacavam e eu as via nas minhas selfies: nos cabelos, via cobras que se injetavam em meu crânio. Eu, medusa.

Câmeras instaladas em todo o meu corpo, câmeras de monitoramento, nada encoberto, nada velado, corpo rastreado.

Meu rosto e entorno nas fotos eram como as nuvens que vemos na infância, neles eu enxergava de tudo, desde figuras de aliens até morcegos. No meu corpo e no céu, nas nuvens, as imagens convidavam a serem lidas e decifradas, efêmeras e evanescentes, carregadas de sentido logo perdido. Essas figuras serviam pra nortear a saga de salvar o mundo, indicavam quais eram as etapas do combate a seguir, quais as ameaças e quais as estratégias. Dragões no céu, serpentes em meus cabelos. Nas fotos eu via um mundo a ser decifrado, eu de fora tentando decifrar a ebulição inominável e dilacerante de dentro.

Selfies cheias de sentido...

Um motivo pra tirá-las foi eu ter pressentido o curso da tragédia em curso; eu queria um registro e uma companhia, a dos seres imaginários que eu via. Talvez você não veja nada nessas fotos. Mas veja só, elas foram salvas pelas nuvens digitais.

Havia ataques de raios em direção à vesícula que eu havia perdido há muitos anos, eu sugada por meio da vesícula como os ursos explorados na China. Tudo isso era sentido de fato, como toda dor física, sentida até a exaustão. E o ciclo se repetia, em crucificação repetitiva do messias que não podia dizer não ao Pai, o Pai que sempre se recusou a afastar o cálice.

Pai!

O desejo era intenso pela morte de fato, pelo fim da tortura cíclica.

Pai!

A ideia da tortura tomou forma também no hospital. Para mim, era um dos focos do mal que gerava a morte em massa, programada, a morte que demorava, a tortura que prolongava a vida. Um esquema de corrupção pra venda de medicamentos e insumos, eu via.

A repetição

Freud estudou a neurose de guerra e observou que os soldados que não sofriam amputações eram os que mais padeciam do quadro dos *flashbacks*, dos pesadelos que ressuscitavam as cenas traumáticas. Minha hipótese pros fenômenos corporais que vivi é de que os maus-tratos sofridos no passado não chegaram a arrancar pedaço, então agora eu me despedaçava, o corpo se dilacerava pra correspondência fiel ao sofrimento mental alimentado ao longo de anos ininterruptos.

O início do surto

Não dá pra traçar direito o começo de algo assim, ok.

Mas vou tentar juntar alguns pedaços, alguns cacos que sobraram.

Eu pensava que as coisas chegariam a um compasso, a um acordo.

As coisas não começaram assim de todo ruim.

Não?

Teve a separação conjugal, da família, a ausência de qualquer pessoa, ente querido por perto.

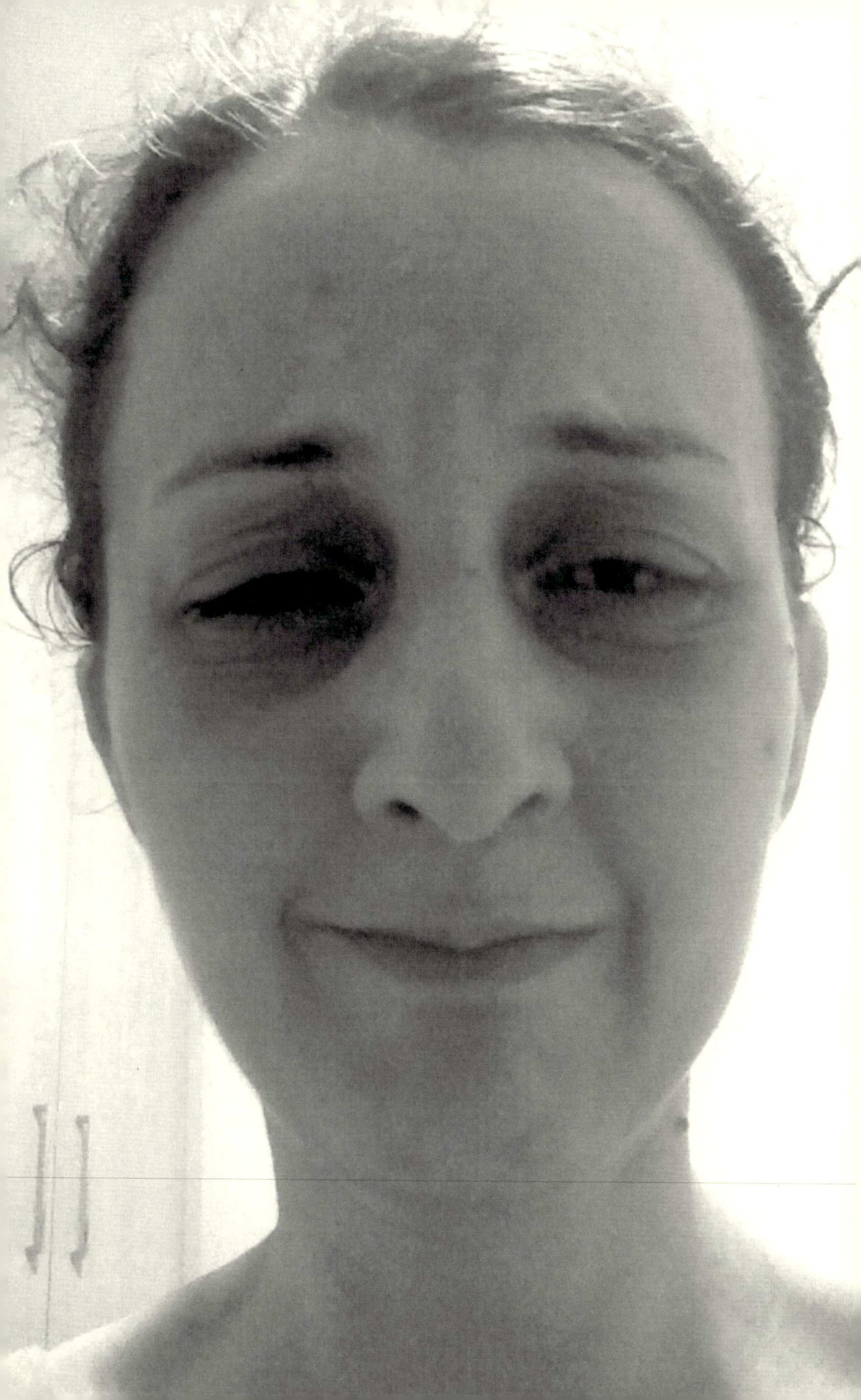

De início, supri a falta com a ideia de que o mundo, a natureza, Deus falavam comigo por meio de sinais que estavam em toda parte. Muita gente pensa a mesma coisa. Vindo pro tempo da pandemia, até tem gente que acha que a praga é um sinal pra humanidade.

Você acha

Bobagem.

O mundo é todo indiferença e eu não soube arcar com ela assim, tão generalizada, então via tudo como fonte ilimitada de amor, que se converteu, em pouco tempo, na contraparte, o ódio.

O ódio no lugar do amor e da indiferença...

Antes do início de fato do delírio, viajei a terras e cidades que antes habitei, procurando um enredo da minha história, tava assim bem perdida. Percorri ruas do passado, lugares, juntando as imagens, as partes pra formar um só cenário, o da vida.

Comecei aos poucos a sentir a comunhão com o todo, com todas as coisas e seres, uma espécie de Éden, forcei-me a ser um canal de decifração de tudo, de todos os sentidos, prontos a serem lidos. Veja, às vezes uma joaninha é só uma joaninha. Às vezes pode ser um escaravelho, pode ser

O Sol

Isso avançou mais adiante pra sensação delirante da expansão cerebral, por meio da qual eu ia conseguindo grau de inteligência avançado, em ciclo infinito de morte, nascimento e ressurreição. Ao fim de cada ciclo, via ouro em pó brotar nas minhas mãos, verdadeira operação alquímica. Eu dourada como a joaninha.
O crânio era rachado pra acomodar o novo cérebro ampliado, depois tudo se colava.
Devia doer isso, não?
Durante uma aula de natação, senti a tal expansão da cabeça, senti uma força irrefreável que me impelia a nadar, eu transmutada em um animal nadador.

Uma criatura aquática
Ou voadora.
Um alien em forma de mariposa, pois as mutações corporais só poderiam tomar forma em uma borboleta, filha de Elysium. O emaranhado das veias em contração e dilatação, força de propulsão, eu voadora. A coloração da minha pele ia se aproximando cada vez mais da aparência da mariposa, isso eu via quando olhava as fotos, a pele verde, a pele roxa. A metamorfose.

O grau de expansão cerebral e sensorial só podia ser, claro, o de uma divindade.

E dói ser Deus?

É a dor da luz.

As dores de cabeça vinham ainda quando me eram reveladas verdades terríveis sobre a humanidade, vinha a aflição da dilaceração cerebral. Em seguida, a regeneração, uma força que era inervada pras mãos, os dedos, de onde saíam raios, dedos de Deus que atacavam o mal no mundo, o mal pro qual eu apontava. Dedos capazes de desarmar, por meio de códigos desenhados, as redes de corrupção espalhadas em esfera global, dedos direcionados a telas de computadores, de TVs, a telefones, paredes e seus fios internos emaranhados, entranhados. Onde quer que o mal pudesse ser decodificado, os dedos apontavam.

Fenômenos de linguagem

A força que se manifestava nos dedos, principalmente no indicador direito, tinha o ímpeto primevo da linguagem. Como tal ímpeto é irrefreável, só os dedos não bastavam, sentia a manifestação de vários braços, mãos, como as divindades hindus.

Aprender a apontar pra algo é um dos maiores distintivos do humano. Lembro da primeira vez em que fiz o gesto, imitando outra criança, sem compreender o sentido: este foi apreendido pouco tempo depois, a relação entre apontar e o horizonte na direção.

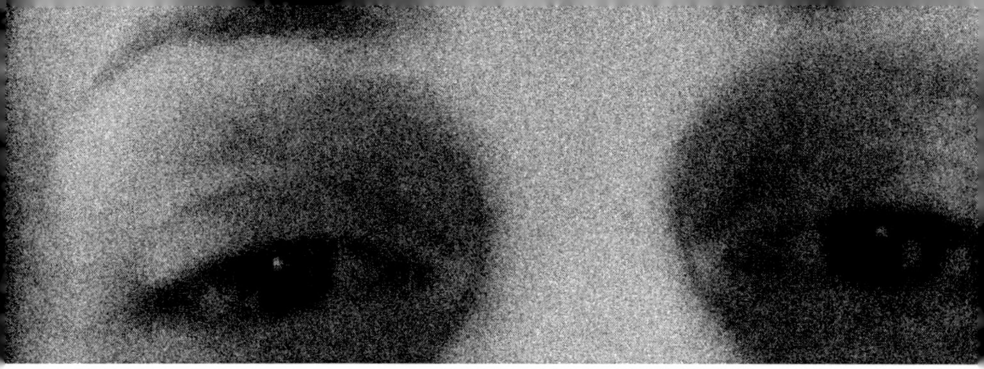

Apontar é ampliar a zona de atuação no mundo, é descobrir, é desbravar, é herético por natureza, daí a superstição de que apontar estrelas gera verrugas, porque apontar estrelas é o primeiro passo para alcançá-las.

Lembremos do quadro de Michelangelo: Deus deu a linguagem ao homem por meio do toque no dedo.

No delírio eu era Deus. E humana.

Eu digitava coisas carregadas de sentido: cada sílaba combinada com outra, cada palavra invertida, deformada, cada construção distorcida explodia, chegando à ausência de sentido. E enviava tais manifestações do dedo por e-mail, WhatsApp.

E os outros respondiam?

Já digo.

Eu me julgava sabedora de todos os idiomas. A força da decifração à força pelo cérebro e pelas mãos.

A linguagem universal...

Sabe-se que a palavra é vazia, que o que ela designa, no fundo, pode ser qualquer coisa. E que a língua evolui a partir dos erros todos que são cometidos todos os dias: se não houvesse erros, estaríamos falando latim até hoje.

Então, a palavra nos convoca a libertá-la, a dilacerá-la, a rasgá-la, a deformá-la, pra que expresse o inefável, o inominável. A língua necessita de um estrangeiro, um bárbaro, ela convoca a barbarizar e assim libertar o mundo, salvar.

Eu queria me ver livre dela, da palavra, de preferência me comunicar só pelo pensamento, que já era rastreado, hackeado. Se tudo já era sabido, pra que o erro do signo linguístico, que é sempre torto, diz mais, diz menos, mas nunca diz o todo?

A telepatia parece a melhor alternativa, mas o que seria algo assim, de transferir o pensamento sem a língua? Imagens que se formam no cérebro e vão atravessando outros universos, outras pessoas? Imagens assim, compartilhadas, arquétipos?

Chegar a esse ponto pra não ter que falar. Porque falar é sempre errar.

Essa é a mensagem que enviei ao meu ex-marido no início do surto. Eu mandei outras a outras pessoas, mas apaguei, perdi, o e-mail deletou pela falta de uso durante as internações. Felizmente ou não, o novamente marido tinha esse registro no histórico do WhatsApp e me deu o print quando pedi.

Pode olhar essas garatujas, esses hieróglifos, como as nuvens de que falei, mas dessa vez nuvens de linguagem. Talvez não enxergue nada, talvez enxergue a maldição da Torre de Babel. Talvez a combustão, a geração espontânea

A confusão

Talvez veja coisas aí que nem eu vi, daí me conte, comente, tá?

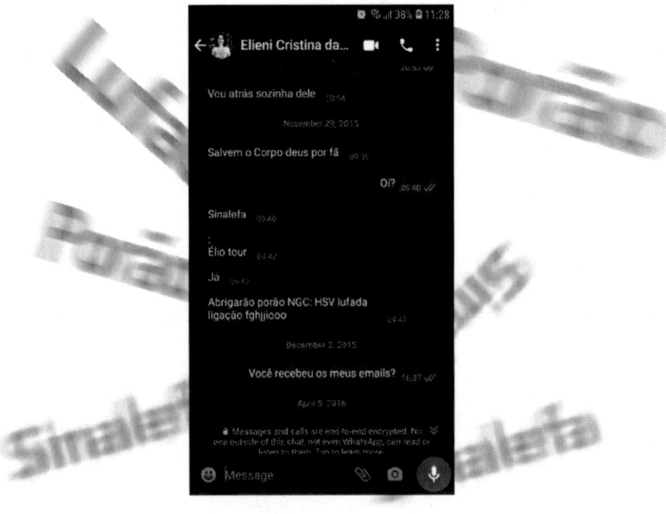

A ideia de Deus

A humanidade cria subterfúgios pra escamotear o desamparo que é inerente à existência. O desamparo nu e cru, pra quem o entende de fato, é enlouquecedor. As famílias criam mecanismos artificiais pra seus filhos se sentirem especiais, toda mãe acha o filho lindo, quase toda, criam-se castas, religiões, classes sociais. Tudo pra esconder a verdade que enlouquece: você é nada, não há nenhum olhar amoroso ou vingativo vindo do céu pra ti, não há ódio ou amor divinos, muito menos sentido na vida.
Eu entendi as nuances de Deus desde muito cedo porque meus pais o encenaram pra mim.
Como?
De início, Deus me olhava com o único intuito de desprezar e punir, esse Deus, minha mãe. Depois, o outro Deus, meu pai, me mostrou a indiferença fundante da existência.
Ao longo dessa tal minha existência, figuras de autoridade foram assumindo o lugar amedrontador de outrora, de Deus, dos pais.
Quem mais?
Não era raro eu tremer diante de um poderoso ou entregar minha cabeça em uma bandeja para ser saboreada, a prêmio. O tipo de indivíduo de contornos despóticos tem faro apurado pra encontrar presas como eu, prontas pro abate. E fui abatida de forma repetitiva e reiterada, até o surto.
De novo, o eterno retorno
As dores do delírio evoluíram até a sensação de ser queimada viva. Após os infernos diários da trituração e do fogo no corpo, vinham algumas pequenas parcelas de paraíso em sonhos onde eu voava, angelical, um anjo de luta. Sobrevoava florestas, rios, campos floridos.
Os sonhos e a realidade viraram coisa-só. Vivi um pesadelo ininterrupto, sem a expectativa de acordar, sem o corte da cena quando se desperta. Aquela fresta entre as duas realidades se dissolve, tudo vira continuidade. Antes da loucura, eu tinha o hábito de anotar sonhos para decifrar sentidos e me concatenar com o todo da minha existência. Na loucura, não há mais a tarefa da decifra-

ção, a loucura é o desvelado, o revelado em bruto estado, é mesmo um sonhar acordado, o pior tipo de sonho e raramente o melhor. O descanso em si torna-se impossível, apenas cochilos, as forças do mal invadem, o ataque. Ameaças de todos os lados, tudo tomado, tudo contra o messias, a filha de Elysium.

Como sentia as ameaças no hospital?

Todo o hospital conspirava contra mim, tentavam me envenenar e contaminar. É claro que acusei a minha chefe de uma tentativa do gênero, chamei de assassina quando ela me ofereceu uns biscoitinhos após minha palestrinha. Mas o veneno da fulana era de outra ordem.

Imagino

O delírio era de uma expansão desenfreada, não se circunscrevia ao espaço do trabalho, alcançava escala mundial. Todos os estabelecimentos estavam envenenados; por isso eu praticamente não comia e emagreci 10 kg.

Por ordem divina, eu não podia parar de ir ao hospital, pois era parte da missão salvar os pacientes com minha presença iluminada de onde emanava a cura dos envenenamentos em massa. A cura provinha ainda da contação de histórias, meu último projeto abortado, que já vinha sendo boicotado pela máfia do jaleco. Contar histórias aos pacientes para aliviar as feridas, contar histórias para driblar a angústia abissal da morte no hospital. Além de ouvir as histórias de cada um, contar, contar agora a minha.

Estou te ouvindo...

Nos últimos dias, saía bem antes do final do expediente por não suportar os ataques imaginários, mas faltar mesmo eu não faltei, tanto que o bote foi dado no hospital.

A minha chefe, no intercurso de tudo, havia me dispensado, de última hora, por meio do meu pai, garoto de recado: devia me levar sim, me levar embora, urgente, embora. Vir falar direto comigo ela não veio, sentiu medo.

Eu não parei de trabalhar, eu nunca soube parar na verdade. De forma que cavei a própria cova sob medida, com a minha forma. Sabe o que te impede de parar?

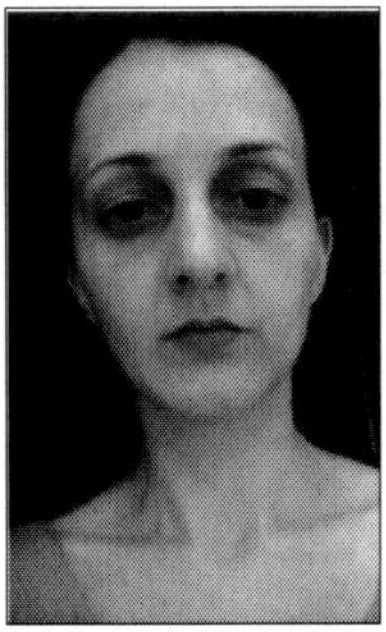

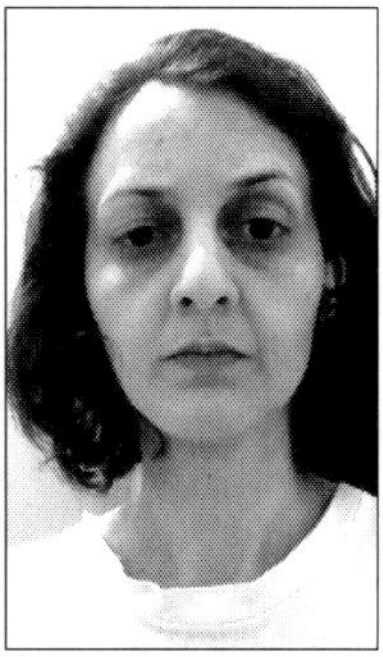

O quê?
O olho que tudo vê, a voz reiterada, a voz que martela não te deixa parar.

Os olhos

O que me norteava na proteção contra o envenenamento eram os olhos: havia uma divisão entre esquerdo e direito, e também entre os lados do cérebro, espécie de cisão do corpo caloso como aquelas que fazem em epilépticos. Eu fechava um dos olhos e com o outro sentia se havia algum indício forte de envenenamento no ar, na comida, veja a assimetria.
Quando havia a contaminação, sentia a visão turva, o olho pesado, e evitava aquele alimento ou local. Mas a coisa chegou a um ponto tal que o mal se alastrou por todos os lugares e meus olhos não davam mais conta de ser guia de proteção.
Os mesmos olhos sentiram a cegueira pouco antes do surto deflagrado. Em um sonho, fiquei cega. Olhando pro passado com uma persistência desesperada, pro ódio familiar, pro ódio de minha mãe contra minha existência, sonhei com a cegueira. Foi um sonho vago, foi mais um desmoronamento, inclusive dos olhos. Antes desse sonho, houve outro com imagens claras, com contornos: minha mãe me entregava, recém-nascida, em um rio, ao demônio.

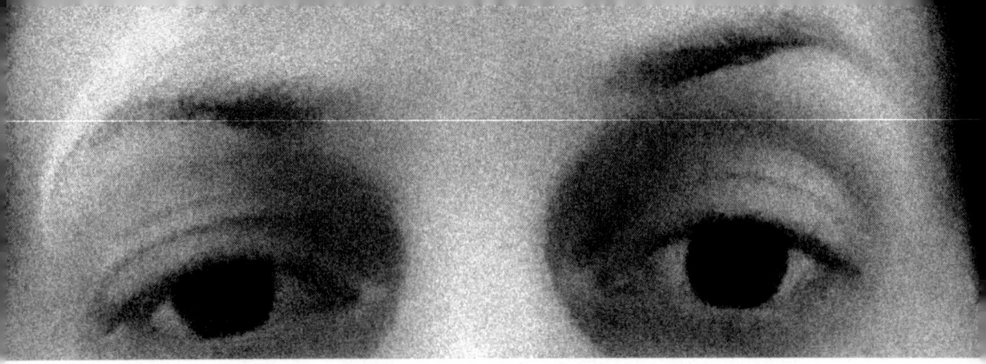

Uma tia me salvava, e a justificativa pro ato heroico era de que "faria aquilo por qualquer criança."
O demônio estranho e familiar.

Tudo é relativo

Olha, sobre essa coisa de mania de perseguição, já teve gente que imaginou coisa parecida e foi profeta, imperador.

Pois é, tem gente que vira guru, vira presidente, vira ministro, mas a parcela desgraçada como eu é internada e presa. A escolha do destino de cada louco segue alguns critérios: o grau do perigo que oferece ao sistema; o quão é inofensivo; o quão é útil. A partir desses quesitos, basicamente, é que se define o destino de cada maluco. A diferença básica entre ser considerado louco ou não hoje em dia é ser negacionista ou negativista:

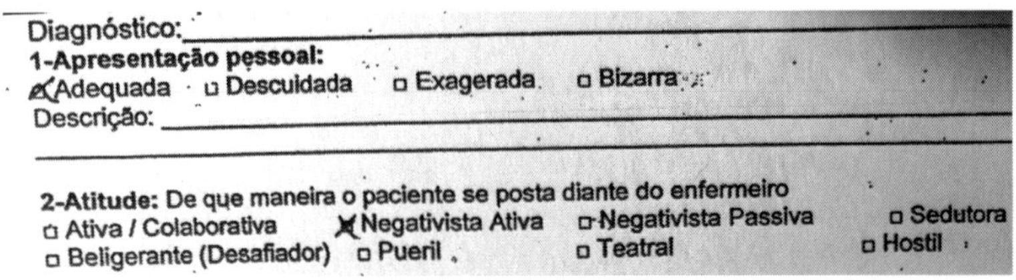

Diagnóstico: ____________________
1-Apresentação pessoal:
☒ Adequada ☐ Descuidada ☐ Exagerada ☐ Bizarra
Descrição: ____________________

2-Atitude: De que maneira o paciente se posta diante do enfermeiro
☐ Ativa / Colaborativa ☒ Negativista Ativa ☐ Negativista Passiva ☐ Sedutora
☐ Beligerante (Desafiador) ☐ Pueril ☐ Teatral ☐ Hostil

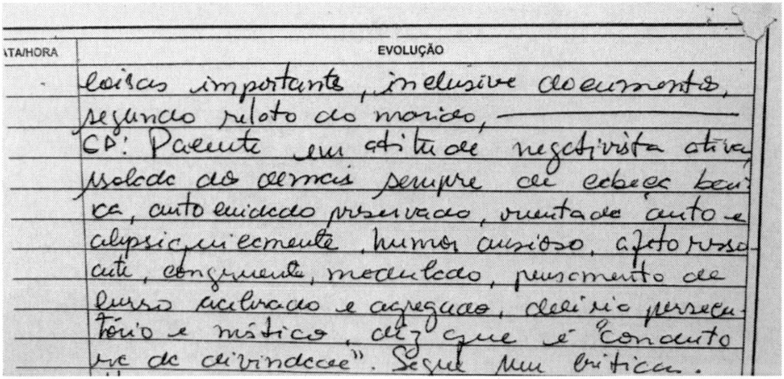
DATA/HORA | EVOLUÇÃO

coisas importante, inclusive documentos, segundo relato do marido, CP: Paciente em atitude negativista ativa, isolado dos demais sempre de cabeça baixa, auto cuidado preservado, orientado auto e alopsiquicamente, humor ansioso, afeto ressonante, congruente, modulado, pensamento de curso acelerado e agregado, delírio persecutório e místico, diz que é "comandante da divindade". Segue sem crítica.

Segue sem crítica, curioso.

O delírio místico e de contaminação por vírus tinha escala mundial.

Me lembra um momento mais atual...

Isolamento na quitinete pra se proteger das manifestações do mal que tomavam o planeta, isolamento completo. Cinco anos depois o mundo inteiro assim, preso em casa. Soa a Complexo de Cassandra, né? A pandemia me fez pensar que eu tinha surtado de novo por achar que tudo tava contaminado, mas dessa vez todo mundo surtou junto, o mesmo relato. Quer dizer, uma parcela teve um surto diferente, meio curioso, negacionista, gente que não ficou trancada propriamente, mas com medo da vacina, com medo do chip do governo chinês,
tomando cloroquina.

Outra coisa da loucura é o excesso de sentido, tudo te diz alguma coisa. No meu caso, não só a rede de computadores mas os cânones da humanidade. Kafka queria me dizer algo, Jung também, era só selecionar o trecho certo que a mensagem tava dada, a mensagem pra salvar o mundo. Eu construiria assim um conhecimento completo sobre tudo, haveria a batalha final entre bem e mal, o saber universal.
Alcançar a completude do conhecimento é impossível, soa autoritário, o delírio não comporta contradições, sabe, mas a realidade é repleta delas.
Eu sempre fui muito lógica, de uma coerência impecável, era difícil amputar os dados de realidade assim pra sustentar a crença delirante. Era difícil me recusar a apurar os fatos, tinha lampejos de sanidade, de como aquilo tudo era absurdo, mas chega uma hora em que deixar de acreditar é muito difícil, é desmoronar. É melhor ter certezas

O mal

E o que é o mal, afinal?
Não é, nunca foi tarefa fácil responder, ao menos pra quem não abdicou totalmente da atividade do pensamento, ao menos pra quem não se satisfaz com o maniqueísmo, é tarefa difícil.
Quem se acredita portador do bem invariavelmente converte-se no mal, é a lógica das seitas: o próprio mal se erige na figura do salvador. Talvez eu estivesse indo pro mesmo caminho, mas carecia de fiéis, a diferença básica é que eu não tinha seguidores.
O mal que eu enfrentava do jeito canhestro delirante era o mal do mercado, das corporações, da burocracia que via atuar no hospital. O mal executado por quem executava ordens na logística da linha de montagem de medicamentos e insumos em geral, a chamada saúde física, mental.
O mal de assistir pessoas forçadas a viver com aparelhos durante anos, com migalhas dolorosas de corpo e dor. O mal de assistir pessoas amarradas.

Veja, a vida não é um bem em si pro sistema
o que é um bem em si
é você não ter escolha. As mesmas pessoas obrigadas a viver como vegetais seriam de bom grado mortas, obrigado, pelo sistema, sim, em alguma ocasião que manifestassem uma oposição, uma opinião, uma vontade, um comportamento malquisto,
um delírio
Mortas por uma bala perdida, por um tiro que quase sempre tem alvo, cor, posição social, ninguém é igual. Estar no lugar errado, na hora errada, ser mais escurinho, carregar um guarda-chuva, oitenta tiros.
A pena dos infelizes no hospital era serem forçados a respirar (traqueostomia) e a comer (gastrostomia). Em outras circunstâncias, os mesmos desgraçados pobres e pretos seriam asfixiados de bom grado, quem sabe por um vírus mortal, quem sabe se o oxigênio faltasse, quem sabe um joelho no pescoço, socos, quem sabe.
Mas ali, não, ali a obrigação era reversa, era sobreviver na marra, pró-vida, contra a eutanásia.

O tratamento

Então te dopam até você fingir que não acredita mais nas suas loucuras, foi isso que saquei.

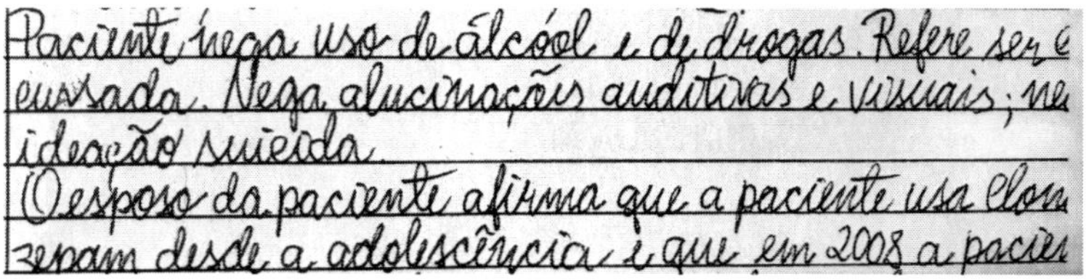
Paciente nega uso de álcool e de drogas. Refere ser c
ensada. Nega alucinações auditivas e visuais; ne
ideação suicida.
O esposo da paciente afirma que a paciente usa clon
zepam desde a adolescência e que em 2008 a pacien

Há classe mais estúpida que a dos psiquiatras?

Difícil saber, talvez várias. A estupidez é bastante democrática.

Veja o atestado de burrice: "nega alucinações auditivas e visuais".

Pra início de conversa, o conceito de alucinação não faz sentido para quem tá alucinando, a pessoa percebe o que vê como realidade ou quase. Em segundo lugar, que diferença faria negar ou não que alucina, se palavra de maluco não vale nada?
E, sem entrar muito no mérito lógico do absurdo, é lógico que alguém "nega alucinações" com o objetivo de vazar da internação. Ninguém que tá internado gosta de ficar ali, absolutamente ninguém, asseguro, apenas vocês, psiquiatras, gostam de dar uma passada lá, assim bem rápida, no safári, pra brincar com os loucos de estimação.
Eu queria sumir logo dali, da clínica, mas não era assim boa atriz pra me fingir de normal. Na vida inteira, nunca fui, muito menos seria ali.
E sobre o meu cognitivo, diziam que o quadro gerava prejuízos, ou seja, eu ia ficar sequelada. Então, se surpreendiam quando viam indícios de cultura e sofisticação mental na aloprada, mesmo que por um breve e ínfimo momento:

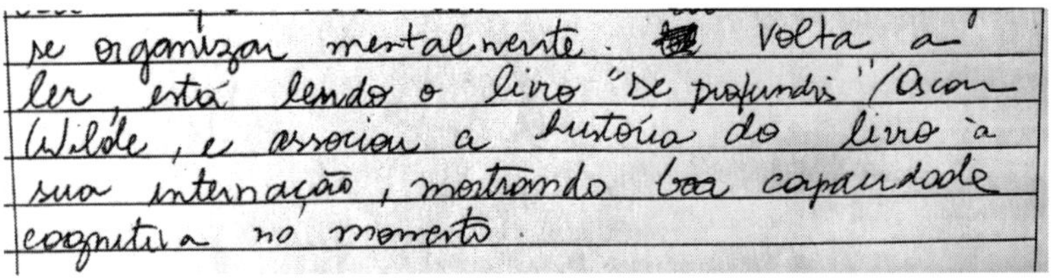
se organizar mentalmente. Volta a ler, está lendo o livro "De profundis" / Oscar Wilde, e associou a história do livro à sua internação, mostrando boa capacidade cognitiva no momento.

O tratamento é em linha de montagem. Tudo tem horário, hora pra bater cada prego no crânio, o medicamento. Veja, tentam usar de tudo, tudo o que tem de mais avançado ao alcance, a última moda medicamentosa que chega dos EUA e da Europa, e se tratamentos como a lobotomia fossem a última tendência lá fora agora, os tupiniquins importariam sem ressalvas, e certamente eu já estaria sem uma boa porção do cérebro, aí sim retardada mesmo, com sérios prejuízos cognitivos, não só por um momento mas por toda a vida. Olha, esses vira-latas caramelo de inspiração eugenista importam tudo de fora, ignoram que com base nesses modismos científicos já tinham ido pro forno há muito tempo.

E eu com isso?

Mas hoje há recursos melhores pra lobotomizar os indivíduos, e mais baratos, e menos grotescos em aparência, sem esse quê de carne tomada, tostada, torrada.

Cabe à sensibilidade de cada um reconhecer as formas atuais do grotesco.

Hoje a lobotomia é executada em massa, é digital, em rede, rede social, influenciadores salivando por likes e seguidores. Coisa que eu havia percebido e que, no delírio, tomou forma literal: após a perda de senhas, desliguei todos os aparelhos, bloqueando todas as formas de contato pra evitar os ataques ao meu cérebro, o derretimento dos miolos, dos órgãos. As minhas tentativas eram pouco efetivas, sentia invasões mesmo com os aparelhos desligados. E não é que há relatos sobre propagandas que aparecem quando você fala que quer comprar um produto, mesmo com o celular desligado?

Pois é.

Eu achava que tudo que era produzido nas redes sociais era a mim direcionado, que eu era o centro pra onde convergia o interesse de todos, do mundo, de tudo. Essa crença, embora pareça pura loucura, tem um fundo de realidade, como toda loucura. Os algoritmos que organizam as redes são projetados pra fornecer o que desperta o interesse do usuário, usuário dessa droga nova. Tudo gira ao nosso redor, de fato, mas você não é nenhuma mercadoria especial em meio à massa amorfa de zumbis. Eu dei forma pessoal ao tal algoritmo, que assumiu uma figura demoníaca, me perseguia, mas ele é totalmente impessoal, baseado em inteligência artificial, em mapeamento do comportamento pra oferecer iscas de consumo aos jogadores compulsivos, que sempre perdem. Um impessoal que parece pessoa, que engana, veja só, um sistema que virou até avatar. E nós também viramos avatares.

Afinal, onde foi parar a carne?

Por que enlouqueci?

Não é o mau trato em si que faz enlouquecer. Depende do quando, como, quanto, quem, principalmente quem. No meu caso, todos os itens confluíram da pior forma. Não é bonito enlouquecer, o delírio criativo é só a ponta do iceberg, do gelo que toma toda a existência.

As demais causas? Não sei ao certo. A mais engraçada pra mim, a que vocês psicanalistas dizem por aí, é a tal foraclusão do nome do pai. Bem, deixemos isso de lado.

Você enlouquece porque sofreu demais e não teve onde colocar isso, é fato, é uma explosão.

Não tem praticamente nada de transcendência ou revelação, a maior parte da parte engraçada do delírio é mera repetição.

Talvez uma causa sólida tenha sido, no meu caso, a tortura do dia a dia pela família, o ficar quieta pra não ser ejetada dali, da casa, a intrusa, a agregada, ingrata, vivendo de favor.

Veja, cresci numa família acima de qualquer suspeita,

gente de bem,

gente querida, eu menina de família, pra casar, tá. Então o sofrer ali, o ver e sentir as agressões eram falseados diariamente pela tal rede social, pelos parentes, amigos da família, jamais dariam crédito a mim, mesmo que a agressão ficasse à vista. Esse falsear o real é o tal *gaslighting*, bom método pra enlouquecer a vítima, procedimento quase infalível que incide na percepção da realidade. Passar a tratar o real como alucinação, até que um dia, mais tarde, alucina de fato, agora é tarde.

A minha loucura começou a ser construída desde o ninho, a ser tecida pelos dedos maternos, pela mão da mãe que podia fazer o que quisesse comigo, a mão que balançou o berço, o dedo que apontou de modo que eu não tivesse escapatória, eu o alvo que não podia apelar sob pena de ser chamada de falsária e maluca.

A loucura é um projeto.

Você vai afundando aos poucos, ninguém enlouquece de uma vez, é uma invalidação crônica e planejada daquilo que é visto, ouvido e sentido. Como, ao longo da vida, não há quem acredite em você,

você deixa de acreditar em todos, em tudo, tudo perde o sentido. O delírio quer ser o avesso disso, quer é dar sentido pra tudo, dar explicação pro mundo.
Crer piamente no delírio porque deixou de acreditar em tudo e todos há muito tempo, é a crença pelo avesso, que se dá pela via da descrença a longo prazo. Por isso, a convicção delirante é perseguida, porque se baseia, nos primórdios, na dúvida e no questionamento da realidade,
tem um quê de dúvida filosófica.
Difere, na base, do fanatismo, bem-aceito socialmente porque, veja, o fanatismo tem por princípio a crença cega, sem questionamento, a crença nos gurus, nos padres, nos pastores, frequentemente abusadores.
Minha mãe é religiosa. Pessoas cruéis com frequência o são, pois a crueldade provém das certezas.
Na loucura, você não procura mais validação externa pro que pensa e sente porque o fora te enfiou no buraco, no descrédito cronicamente. E o diagnóstico psiquiátrico é o aval na vida adulta pro descrédito total, que pode culminar na invalidez, na interdição, a invalidação da existência civil e total, que no fundo é só papel, pois a burocracia frequentemente vence a existência, e interdita.
Mas a vida persiste...
A Elieni existe?
Os primeiros outros, os pais, os donos do mundo, são donos da primeira realidade também, os donos da verdade. Foram, no meu caso, aqueles que criaram a redoma de aparente proteção que era, na verdade, a estufa da asfixia, sem saída, eu planta. Criança muito pequena não fala, e quando fala, fala bobagem, não sabe nada, só respira.
Se eu acreditasse nos santos da minha mãe, se eu seguisse o fanatismo dela como tentei fazer quando era obrigada e, ao mesmo tempo, escolhesse um alvo mais fraco pra descarregar minha raiva, tudo estaria ok. O sistema, a engrenagem do ódio, continuariam funcionando a todo vapor. Não tente abrir brechas no sistema, tu vai te ferrar. Dá merda, dá o abismo.

A chegada das roupas

Então meu pai vazou e deixou de lembrança um pacote de Marlboro Light, ao menos isso. Comprou cigarro e nunca mais voltou. Fiquei lá fedendo com a mesma roupa vários dias, a blusa da Frida.

Não era a primeira vez que meu pai me esquecia em algum lugar. Quando eu tinha dez anos, houve um episódio curioso: ele costumava ir pescar perto do sítio do meu avô, e me deixava ali com meus primos, tios. Quando terminava a pescaria, ele me pegava e voltávamos pra cidade.

Mas houve um dia em que meu pai me esqueceu, eu vi o carro passando pela estrada, o carro não parou, eu tinha prova de matemática no dia seguinte, aquela preocupação, sabe... Por sorte, naquele dia, tinha uma Kombi de estudantes que ia pra cidade, então peguei uma carona. Não sei como exatamente, mas me lembro que meu pai não me viu chegar em casa porque ele tava em algum cômodo distante da porta de entrada. Por curiosidade, me escondi pra ver se ele lembrava de mim em algum momento, o tempo passou, não lembrou. Cansei, desisti, apareci, daí ele lembrou que me esqueceu.

E ele te esqueceu de novo, dessa vez na clínica?

Na clínica, tinha uma lista pra colocar as pessoas que podiam me visitar. Esse recorte que fiz na parte debaixo do papel, na parte dos nomes, não foi só pra preservar identidades. Na prática, os nomes que me visitaram foram praticamente esses, inexistentes.

NORMAS PARA VISITAS

Srs. Familiares,

pensando na segurança e no sucesso do tratamento de seu paciente, informamos que as visitas só poderão ser realizadas por pessoas pré-relacionadas abaixo. Somente 6 (seis) visitantes poderão ser relacionados, e no momento da visita terão acesso à clínica apenas 2 (duas) pessoas sem revezamento. Lembramos que apenas serão autorizadas as visitas relacionadas pelo responsável da internação. Caso haja necessidade em alterar algum nome, o mesmo deverá comparecer pessoalmente para realizar a alteração. 17:45 as 1845

Imaginem, criar número máximo de visitas e horários pro sucesso do tratamento de alguém que ninguém tá a fim de ver. Dificultar a visita pra alguém que, mesmo na facilidade, não receberia ninguém. A saúde mental adora eufemismos.

Enquanto eu tava no cercadinho do PS, apareceu uma colega de trabalho. Na fase do quase semiaberto, apareceu outra com uma mala com roupas, sabonetes, xampus. Soube depois que ela tinha feito a mudança das minhas coisas, da quitinete pra casa do meu ex-marido. E, por último, outro colega de trabalho, que me levou de presente O *Aleph*, do Borges.

Estranho, parece que a escolha do conto não foi tão ao acaso...

Acho que não. Bom, ninguém da minha família apareceu na primeira clínica, nenhuma ligação, nada, exceto meu ex-marido e esses colegas de trabalho que logo debandaram. Meu ex-marido levava bombom, cigarro e aguentava meus esculachos, pois eu achava que ele era o próprio diabo, o cabeça da conspiração mundial contra mim.

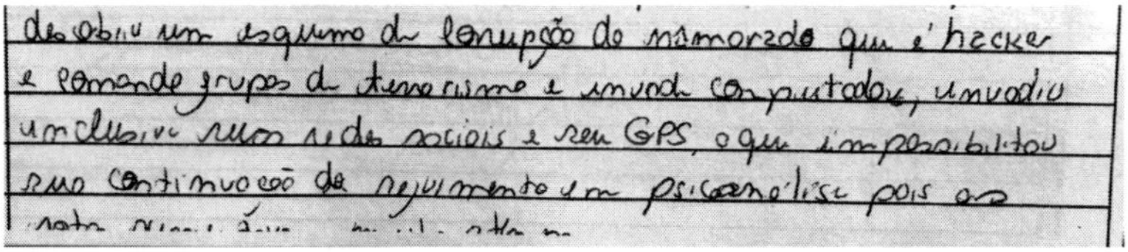

Bem antes da internação, eu já tinha começado a surtar. Tava fazendo análise, e quando ia às sessões já sentia a conspiração interceptar meu GPS, inclusive relatei pra tal analista, caríssima, que tava sentindo provações como um messias. Ela sequer suspeitou do surto. Sabe aquela pessoa invisível, imperceptível?

Sei...

Então, sou eu. Assim que enxergaram, amarraram e internaram.

A polícia

A transformação da loucura em doença mental com o nascimento da psiquiatria foi a tentativa de desatar o nó que o louco representava pra nascente burguesia. Não podia ser adaptado ao trabalho capitalista e também não podia ser preso em cárcere comum, pois não era propriamente criminoso... comum. Nem criminoso quer essa companhia, credo, ninguém suporta maluco. A solução pro impasse foi o nascimento da psiquiatria, que transformou a loucura em doença mental, possibilitando o encarceramento em massa dos doentes em asilos específicos, os manicômios, hospícios, chamados então de tratamento de última geração pra restabelecer a razão do alienado, sob o império da razão iluminista. Espaços próprios destinados teoricamente apenas aos doentes mentais, mas, na prática, de fato, sempre houve mistura de tudo um pouco ali, sabe, andarilho, bêbado, puta etc. Tendo o francês Philippe Pinel como baluarte, a psiquiatria foi a primeira especialidade da medicina, mas não correspondia de fato à expectativa de verdade científica médica, por não estabelecer um correspondente orgânico exato pro fenômeno estudado. Não havia uma porção de cérebro que justificasse a tal doença mental.

A psiquiatria sempre esteve no limbo entre a medicina e a polícia.

E o seu caso?

Voltemos a ele. Na primeira clínica, no quase semiaberto, tinha um orelhão pras pacientes receberem e fazerem ligações. As loucas alegrinhas por receberem o alpiste da ligação do namorado, da família, do diabo, uma atendia e repassava o telefonema pra outra. Eu não recebia telefonema de ninguém, claro, mas ligava a cobrar pra esculachar a família, óbvio. No lugar da indiferença, tentava implantar o ódio em seus coraçõezinhos.

Com o intuito de despertar a raiva no lugar da apatia, no intuito de me vingar e de me livrar do que considerava um antro de envenenamento, a clínica, resolvi ligar pra polícia. Disse, obviamente, o que todo louco diz,

o quê?

que não era louca, que a família tinha me colocado ali pra se livrar de mim, isso sim verdade, sim, realidade. O relato ficava oscilando entre verdades e fantasias, o que obviamente confundiu a polícia, que resolveu surgir ali.

O escrivão apareceu, pegou meu testemunho, mas tive o azar de ele ter o nome igual ao de um psiquiatra eugenista da história da psiquiatria. Eu tenho pós na área e conhecia essas peripécias, inclusive nomes e teorias, daí a paranoia descambou pra ele também, o policial, coitado, que tava mesmo disposto a ajudar. Tinha uma mulher acompanhando, também da polícia, ela acreditou, de início, que era só mais um caso de família querendo se livrar de um ente pouco querido. De fato, a situação tinha um pouco disso e de loucura também, um impasse social e legal como a própria loucura sempre foi.

Disse muitas verdades no meio do delírio, alguém falou depois que a clínica foi investigada por minha causa, que o hospital que eu trabalhava foi investigado

um bafafá geral.

Falei pro escrivão que o hospital tinha um esquema de corrupção que mantinha pacientes definhando com a finalidade de ganhar dinheiro. Veja, isso não é de todo falso: conforme já dito, o sistema opta por manter pessoas vivas em situações escabrosas, e isso gera lucro de fato, vendas de insumos, alimentos próprios, respiradores, equipamentos cirúrgicos, sondas etc. Embora público, o hospital entrava na engrenavam do mercado, sem dúvida, na cadeia de lucro das corporações. E não há poucos relatos sobre a máfia do jaleco lucrando inclusive com amputações de pacientes, a máfia das próteses, recentemente, lembra?

Enfim, meu relato foi tão convincente e verossímil que confundiu o escrivão, que acreditou a ponto de deflagar uma investigação, um inquérito contra o hospital e a família.

Fui uma louca relativamente levada a sério

a maioria ninguém nem ouve, né?

Talento meu pra ficcionista, talvez romancista, então resolvi escrever esse livro.

Era difícil de discernir delírio e realidade no meio de tudo aquilo e, no fundo, tudo no mundo é assim,

toda loucura tem um fundo de verdade, e toda realidade, uma base ficcional.

Mas tem outra coisa: eu ativei, por algum motivo, um instinto de salvador no escrivão, ele queria me salvar não sabia do quê exatamente, nem por quê, mas queria perfazer sua jornada do herói. E ele queria acreditar também, queria acreditar em alguma coisa. *Todo mundo quer acreditar, né?*

Pois é, o serviço diário dele era chato pra caralho, e de repente apareceu uma narrativa dessas que se vê uma vez na vida, a tentação de acreditar é grande, até ignorando contradições, incoerências, pra, sim, acreditar! Tentativa de ver sentido na falta de sentido constante do trabalho de um policial como ele, que consistia basicamente em apreender produtos adulterados. De certa forma, eu era um.

Mas não recomendo fazerem o que fiz porque o inferno da burocracia atravessa a polícia com todos os tentáculos e emaranhados, obviamente. Liguei pra muitos lugares não integrados e, quando tive alta, fui chamada a umas quatro delegacias pra depor sobre o mesmo assunto, a mesma ladainha, assim como os acusados do suposto crime. Não havia comunicação/contato entre as instituições, e cidades diferentes operaram no mesmo caso devido à moradia diferente dos acusados. Era polícia pra lá, polícia para cá, interfonando, um pé no saco, peguei ódio de som de interfone, e eu relatando que tinha enlouquecido, querendo me ver livre o quanto antes das inquirições sem fim. Por causa disso, tirei cópia do prontuário, porque o feitiço sempre se volta contra a feiticeira, a bruxa no caso, e quem tava na iminência de ter que provar a inocência era eu, pois podia ser processada por falsa comunicação de crime.

Por Ordem do Dr. Delegado de Polícia, **INTIMO Vossa Senhoria para comparecer a esta Delegacia no dia 05 mês de JUNHO às 14H30 PARA PRESTAR ESCLARECIMENTOS. NÃO FALTAR. SUJEITO ÀS PENAS DA LEI.**

INFORMAÇÕES POR TELEFONE, PARA QUE SE RESPEITE A PRIVACIDADE DAS APURAÇÕES, SÃO RESTRITAS.

Na delegacia do escrivão que falei, ele tava seco pra levar a cabo as investigações contra o hospital, mas pra isso eu não podia ser doente mental, pra denúncia ser levado a sério. Então a polícia solicitou um exame de sanidade, que podia levar ao prosseguimento das investigações no hospital caso eu fosse normal. Só que isso podia desembocar no processo contra minha pessoa por falsa comunicação de crime, se nada fosse encontrado lá, e tal qual relatei no delírio, de forma literal, obviamente não encontrariam. Mais uma vez, o nó insolúvel da loucura.

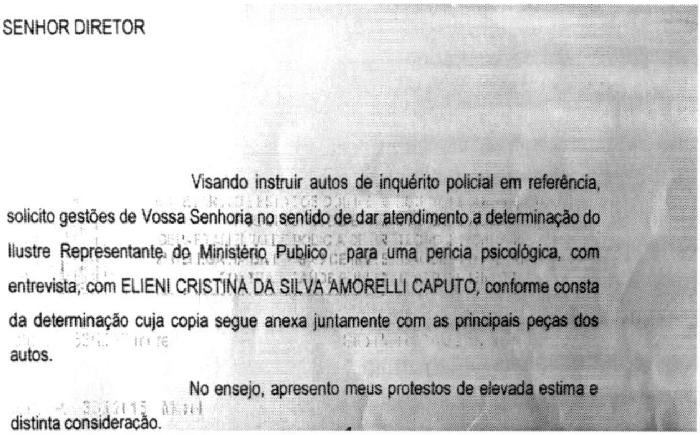

SENHOR DIRETOR

Visando instruir autos de inquérito policial em referência, solicito gestões de Vossa Senhoria no sentido de dar atendimento a determinação do Ilustre Representante do Ministério Publico para uma pericia psicológica, com entrevista, com ELIENI CRISTINA DA SILVA AMORELLI CAPUTO, conforme consta da determinação cuja copia segue anexa juntamente com as principais peças dos autos.

No ensejo, apresento meus protestos de elevada estima e distinta consideração.

Tomei uma overdose de medicamentos pra me livrar da tal perícia, tava a fim de morrer mesmo ou ao menos sumir por um tempo. Ao que parece, diante da situação, o escrivão, o mesmo do começo de tudo, se comoveu e acabou desistindo de viver um romance policial na delegacia pacata dele. Tudo foi arquivado, creio eu, dado o tempo passado, também não fui mais atrás do advogado.

Tudo cansa. Não suporto papéis, muito menos agora que são digitais e não somem nunca, e não posso rasgar.

Mas o excesso, inclusive digital, gera a imobilidade. O excesso também faz com que não se preste atenção em nada específico, nada individual.

A virulência no sistema gera pane e perda total.

O sumiço é imperativo em todos os casos, o caos. Tudo, no fundo, fadado ao colapso, à perda de dados.

Documentos, papéis no geral me geram medo, então tô escrevendo isso tudo pra me ver livre em parte do pavor, com sua ajuda, quem sabe.

Quem sabe...

O medo de existir só no papel, de o papel existir mais que eu, o que, de fato, rola. Veja, a expressão CPF CANCELADO é real: por morte, por invalidez, esta última, o fantasma, a sombra meticulosamente tecida e planejada pela minha mãe, a sombra que sempre me perseguiu desde o ventre, e que tomou corpo no delírio.

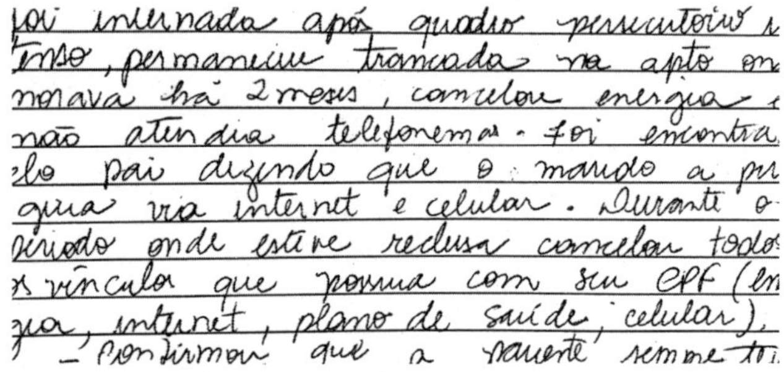
foi internada após quadro persecutório e
Inso, permaneceu trancada no apto em
morava há 2 meses, cancelou energia e
não atendia telefonemas. Foi encontra
pelo pai dizendo que o mundo a per
guia via internet e celular. Durante o
período onde esteve recusa cancelar todos
os vínculos que possua com seu CPF (en
gia, internet, plano de saúde, celular).
– Confirmou que a paciente sempre tr.

Precisei esperar cinco anos pra abrir a cópia do prontuário sem ter tremores por todo o corpo, pra olhar esses documentos colados aqui em retalhos sem ter um colapso. Agora que dou conta de olhar, picar e até rir deles, compartilho contigo, pode comentar.

A linha de montagem

É claro que eu ia achar que aquele monte de remédio que me davam era veneno. Se eu fui levada pra clínica amarrada, como um animal pro abate, é lógico que coisa boa não era, é óbvio.

Não era tratamento?

Lá eu era obrigada a tomar os venenos, senão iam me amarrar de novo e injetar, e é lógico que eu não ia dar àqueles estrupícios o prazer, o gosto de me amarrar outra vez, então era melhor engolir de vez os comprimidos, cuspir o possível. Como parte do delírio era a capacidade de regeneração imediata do meu cérebro, se eles tavam dando veneno pra derretê-lo, de alguma forma meus miolos iam se recuperar, se regenerar.

envenenados p/ ela que faziam seu cérebro derreter, apertar a garganta e ficar cega.

As enfermeiras mal-amadas, mal-remuneradas faziam as filas de pacientes. Era a hora de mandar em alguém, afinal, em alguém mais frágil e vulnerável, já que elas tomavam esporro de médico, de dono de clínica. Mandavam nas auxiliares, ao menos, e estas mandavam na gente, as auxiliares infelizes que falavam feito matraca e, caso você se recusasse a mimetizá-las, olhe o que escreviam a seu respeito as malvadas, nada lisonjeiro, não é mesmo? O discurso delas, tão rico, era um decalque mal feito e mal-acabado do discurso médico.

10:00 Paciente no leito inalterada, sonolenta, pouco contactuante verbal, discurso empobrecido, sem crítica, aceita as orientações parcialmente, seg. em observa-

O meu discurso, empobrecido, o silêncio proibido, especialmente proibido pra quem obedece parcialmente. Discurso rico eram as fofocas das gralhas.

Achei ofensivo...

Chamar de mal-amadas e gralhas trabalhadoras tão dedicadas? Machismo? É só brincadeirinha, sem pretensão de generalização, uma brincadeira sem graça como elas, como o que elas escreveram a meu respeito. É só chiste, afinal meu lugar de fala sequer autoriza a ser machista, não é? Sou mulher... E meu lugar de fala de louca me autoriza a falar qualquer merda, qualquer coisa, depois, fikadika, pra invalidar o que eu disse, é só dizer ela é louca. Discurso empobrecido, sem crítica, aceita as orientações parcialmente. Sua louca, sua louca.

Veja, toda brincadeira, toda piada, toda merda que sai da boca, inclusive de uma louca, tem um fundo de verdade, é uma forma de justiça retardatária, que tarda e falha. E cada enfermeira, cada auxiliar que olhava pra minha cara e me fazia abrir a boca pra engolir os comprimidos, cada uma delas que escreveu essas merdas a meu respeito estava fazendo justiça com as próprias mãos. Cada vez que eu tomava os comprimidos, sentia meu cérebro e corpo sendo dilacerados, e como um dos efeitos do Haldol é te robotizar, travar teus movimentos, tudo se confirmava, o delírio se corroborava.

Horário pra tudo: levantar, comer, tomar o remedinho. Tudo tem hora e todos os dias são exatamente os mesmos, iguais. Inclusive o Natal e o ano novo.

Afinal, não são dias diferentes dos outros, são?

Feliz Natal, Elieni!

Eu odiava a visão daqueles ratos adestrados preenchendo prontuário. Peguei o meu escondido e joguei no telhado, mais uma vez, mais uma coisa subiu no telhado.

E os outros pacientes?

Tem sempre uns que colam em você, que simpatizam, que até se apaixonam. Tem outros que te odeiam de cara e te ameaçam, é a sociedade humana em miniatura: você faz amizade, trafica comida quando dá, trafica cartão telefônico e cigarro.

Ali na primeira clínica fiquei quase um mês, passei natal e ano novo sozinha, olha que delícia pro messias, que ironia.

Me botaram pra tomar muito remédio; os psis e terapeutas ocupacionais me botaram pra picar papel. Massa de imbecis graduada.

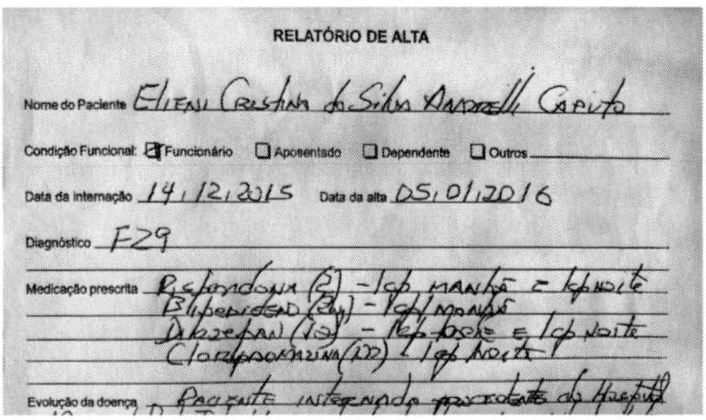

RELATÓRIO DE ALTA

Nome do Paciente Elieni Cristina da Silva Andrelli Caputo

Condição Funcional: ☒ Funcionário ☐ Aposentado ☐ Dependente ☐ Outros

Data da internação 14.12.2015 Data da alta 05.01.2016

Diagnóstico F29

Medicação prescrita [illegible]

Evolução da doença Paciente internada [illegible]

O segundo manicômio

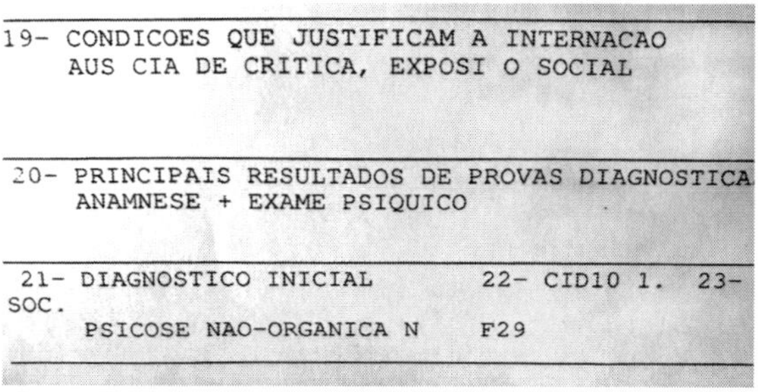

19- CONDICOES QUE JUSTIFICAM A INTERNACAO
AUS CIA DE CRITICA, EXPOSI O SOCIAL

20- PRINCIPAIS RESULTADOS DE PROVAS DIAGNOSTICA
ANAMNESE + EXAME PSIQUICO

21- DIAGNOSTICO INICIAL 22- CID10 1. 23-
SOC.
PSICOSE NAO-ORGANICA N F29

Os critérios que justificam a internação, exposição social e ausência de crítica, aplicam-se a toda a população mundial com acesso a rede social. Talvez os novos mecanismos de internação, as redes. Os médicos, ao longo da internação se deparavam, sem confessar, com a dúvida: quem não tem juízo crítico, afinal? O inconsciente não mente.

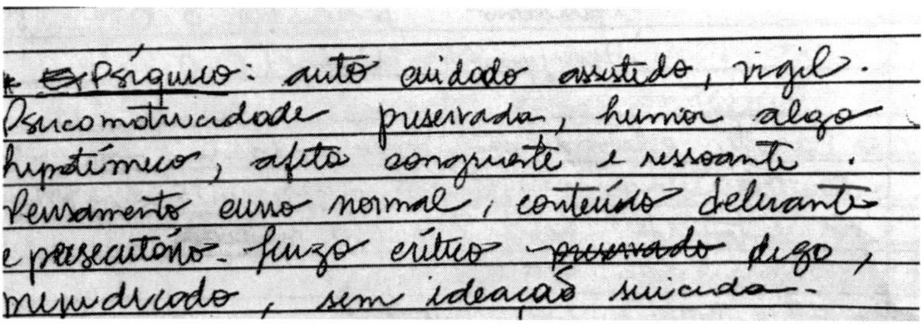

* ~~Ex~~ Psíquico: auto cuidado assistido, vigil.
Psicomotricidade preservada, humor algo
hipotímico, afeto congruente e ressoante.
Pensamento curso normal, conteúdo delirante
e persecutório. Juízo crítico ~~preservado~~ digo,
prejudicado, sem ideação suicida.

Vamos pensar sobre computadores e redes sociais, que têm um modo de pensar peculiar. As redes e os sistemas são psicóticos por excelência porque têm a característica de não esquecer. O inconsciente do psicótico é a céu aberto, como diz a psicanálise, revela justamente aquilo que o neurótico teima em esconder.

O computador é uma máquina que consegue acessar qualquer memória a qualquer momento, a não ser que entre em colapso, em pane. Nele, assim como em nós, psicóticos, não operam os mecanismos de perda de memória e de recalque da população geral, a grande massa, você, os enfermeiros, os médicos, sujeitos a atos falhos: "preservado", digo "prejudicado".

Veja, então, que espécie de ironia do destino: os neuróticos, os normais, hoje são dominados por sistemas com funcionamento semelhante ao cérebro dos psicóticos, espécie de revanche, de justiça retardatária criada por aqueles isolados e excluídos ao longo dos séculos.

E vejam a amostra do que é nunca esquecer, como nós, psicóticos. Contatos que você queria a todo custo perder de repente aparecem em sugestões de amigos nas redes. Aquelas caras que você simplesmente não queria mais visualizar aparecem, mais vivas do que nunca.

Frases, fotos, pensamentos que compartilhei em 2015, de repente aparecem pra mim de novo: muito gostoso, né? Recordar é viver.

Outra forma de justiça retardatária agora é feita em massa, de forma maciça nas redes. Como os usuários padecem de certezas, fazem justiça com as próprias mãos, então, além de cancelar algum alvo, o bode expiatório, acessam dados pessoais e divulgam; o virtual invadindo o real. Veja que no meu delírio isso também acontecia.

Se o alvo do ódio em rede for inocente, paciência, deu azar de ter a fuça errada, na hora errada, de atrair a justiça retardatária, que tarda e falha. A sociedade não vive sem o grotesco, o linchamento. Sacrifício de um e outro pra restabelecer o equilíbrio, o bem comum.

As redes têm a característica da onipresença, da onipotência, os olhos que tudo veem, e todos hoje querem ser vistos a todo momento, todo tempo, porque sucumbiram ao mecanismo cerebral da rede, sucumbiram à inteligência artificial, que é psicótica.

Todos querem ser vistos de todos os ângulos, do avesso, todos sucumbindo à paranoia, todos expostos. A melhor maneira de desumanizar, explorar. E vender.

E você?

Eu, desde cedo, fui vista de todos os ângulos, vistas as vísceras pela mãe. Qualquer tentativa de bloqueio, inútil, tudo desvendado, descoberto e exposto. Como nas redes.

Mesmo bloqueando meus carrascos após a internação, vez ou outra algum aparece como sugestão de amizade, quando começo a participar de uma nova rede social, é batata. Isso acontece contigo? Mas não esquecer já era meu padrão normal, precisava de uma pane, perder todos os dados pra existência ficar assim mais suportável. Então tive o colapso.

E a segunda clínica?

O segundo hospício era público. Cheguei lá levada pelo meu ex-marido.

A médica plantonista me ouviu um pouco, com cara de poucos amigos, já pronta pra anotar o motivo da internação, fisgando qualquer palavra que desse o xeque-mate, o pretenso sentido da internação: "exposição social e ausência de crítica."

Tudo o que eu dissesse ia ser irremediavelmente usado contra mim. Tudo se torna sintoma, toda a linguagem é circunscrita à patologia, F29. Não há escapatória.

A presa encurralada, cercada, sem saída, encarcerada, presa no labirinto. Negado o direito à fala e à defesa. Melhor maneira de desumanizar. E prender.

Fui mandada pro pronto-socorro com os outros loucos depois de devidamente saqueada novamente, celular tomado e também qualquer pertence. Ali naquele PS a situação era bem pior que na primeira clínica, nem cagar em paz eu podia, nem tomar banho, todo mundo me via pelada, e reclamar com alguém de qualquer coisa era igual a falar com as paredes: elas tinham mais ouvidos. Quando todo mundo te vê pelado, do avesso, você deixa de existir, é uma das formas mais eficazes de negação de humanidade. Te viram tanto que não veem mais nada nem ouvem quando olham na tua direção.

No banho, os enfermeiros distribuíam pedaços de sabonete a serem descartados. Uma paciente infeliz colou em mim e acho que gostava de me ver pelada, de me ver mijando, cagando, sei lá. Só sei que toda hora aquela retardada colava em mim e empurrava a porta do banheiro, sempre aberta, destrancada, escancarada. Louco não tem direito a privacidade, pensam que não tem vergonha, mas quem não tem vergonha na cara são vocês, babacas. Deixar

a pessoa pelada na frente de todo mundo como se aquilo fosse nada... daí pra outras atrocidades é só um passo.
O meu temor de contaminação persistia. Nenhum remedinho na outra clínica serviu pra nada, só intensificou os pavores anteriores. No PS da segunda clínica, as enfermeiras tinham a mania de pôr uma caixinha com vidros de sangue e seringas em cima da cama de um paciente, enquanto tiravam o sangue do outro. Obviamente, depois disso eu jogava todos os lençóis no chão, e elas ficavam putas porque eu jogava o "lençol limpo" fora "sem motivo". Elas, as técnicas de saúde mental, sem nenhuma noção do que faziam ali. Eu, eu dei trabalho como sempre, aquele tipo de louca chata, sabe, sangue ruim.

A comida

Quando você vira gado, determinam a porção da ração que lhe cabe. Na primeira clínica, paga, a comida ainda prestava, eu era gado de raça. Na segunda eram reservadas pros vira-latas uma porção ínfima no almoço, outra na janta. Sem frutas, sem café, sem chocolate, duas bolachinhas-maria de manhã, duas à tarde. E pronto. E ponto. E proibido entrar comida.
Os familiares de alguns loucos não seguiam as regras à risca, conforme a estima que tinham pelo ente: alguns burlavam a proibição, e entravam uns chocolates, uma coisa ou outra além da parca ração, da porção. E alguns dividiam o contrabando comigo. Havia também uns pacientes do semiaberto que entravam e saíam; um deles guardava umas bolachas pra mim, assim ia passando a fome.
Mais alguém quebrou as regras por você?
Por mim, ninguém furou nenhuma regra, a não ser os pacientes que dividiam a comida contrabandeada e esse do semiaberto que dava as bolachas-maria escondido, o paciente que me chamava sempre de "menina".
Toda minha miséria moral, minha miséria pública, tomaram formam material. Agora era miséria na comida. Mais dois meses. O

agravante era que as medicações davam uma fome do cão.

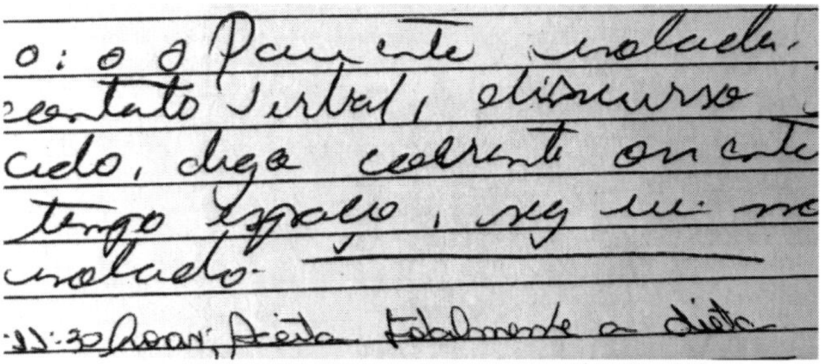
0:00 Paciente isolada.
contato verbal, discurso
cido, diz-se coerente, orientada
tempo e espaço, segue no
isolado.
11:30 Almoço: Aceita totalmente a dieta

As visitas?
Só meu ex-marido. Meus pais continuaram sem dar sinal de vida, minha mãe apareceu quase no final dessa segunda internação, e a razão já explico.

A assistência

Na segunda clínica, apesar do PS, os médicos e enfermeiros eram um pouco melhores ou eu tava mais resignada, conformada, prejudicada e passei a achar qualquer coisa melhor que a desgraça anterior. Os residentes criados a leite com pera alternavam entre mostrar o complexo de salvador e a capacidade técnica. Na engrenagem em que se meteram, em poucos anos a pouca habilidade ia evoluir pra máfia do jaleco tão conhecida, máfia de clínicas de recuperação que lucram mais com drogado do que com louco hoje em dia. Drogado tem mais recidivas, incomoda mais, rouba a mãe.
Máfia da indústria farmacêutica e dos manuais de psiquiatria que estão aumentando tanto o número de transtornos que logo vão desconfiar de você, sim, você se não se encaixar, não se enquadrar em nenhum dos F, CID, assim não é normal não ter nenhum transtorno. Vai ser subversivo isso, será perseguido.
Veja, tem muita gente hoje orgulhosa de dizer que o filho tem TDAH, transtorno do espectro autista, dá um ar cool e diferente assim ser borderline, isenta de responsabilidade. Todo mundo

quer a parte boa de ser louco, só a boa.

Sobre os residentes, era até bom bater um papo com eles, faziam umas perguntas bem de colegial, do tipo: “Elieni, você não acredita mais no delírio ou tá dizendo isso pra sair daqui?”

Por que acham que eu teria algum compromisso com o que dizem que é verdade nos manuais? O que eu ia ganhar com isso além de mais uns meses de internação?

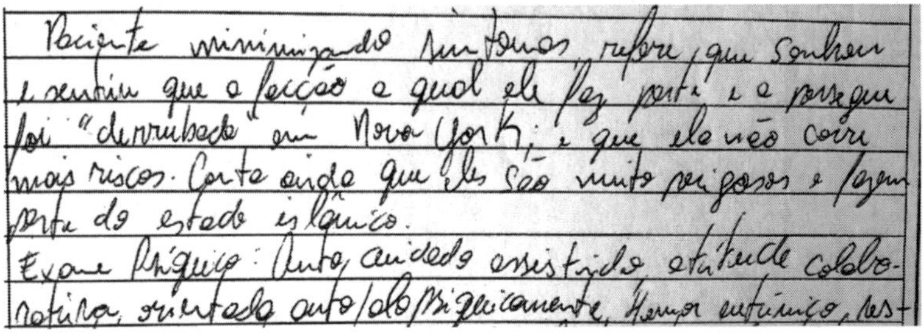
Paciente minimizando sintomas, refere que sonhou e sentiu que a facção a qual ele faz parte e o persegue foi “derrubada” em Nova York, e que ele não corre mais riscos. Conta ainda que eles são muito perigosos e fazem parte do estado islâmico.
Exame Psíquico: [illegible], cuidado assistido, atitude colaborativa, orientado auto/alopsiquicamente, humor eutímico, [illegible]

Além da dificuldade psiquiátrica em empregar pronomes relativos e preposições, outro fato interessante é que os médicos sempre desconsideram que o próprio confinamento gera sintomas: te veem como uma entidade isolada geradora de coisas bizarras, geração espontânea de teorias da conspiração.

Havia em mim lances de dados de realidade sobre o que me aguardava lá fora, quando os residentes tentavam me consolar, em vão: “Não se preocupe, aqui passa gente de toda profissão, advogado, engenheiro, não acabou sua carreira.” Só que ninguém dali me daria emprego, obviamente.

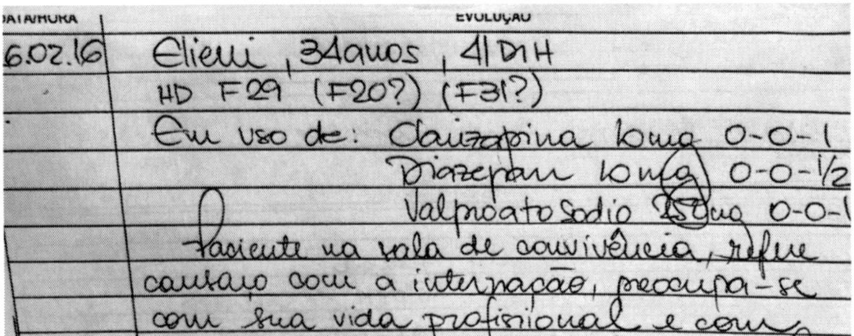
DATA/HORA	EVOLUÇÃO
6.02.16	Elieni, 34anos, 41 DIH
	HD F29 (F20?) (F31?)
	Em uso de: Clozapina 100mg 0-0-1
	Diazepam 10mg 0-0-½
	Valproato Sodio 250mg 0-0-1
	Paciente na sala de convivência, refere
	cansaço com a internação, preocupa-se
	com sua vida profissional e com
	possibilidades de emprego pós internação. Quer

Iam anotando as hipóteses diagnósticas ou sentenças. E nunca se satisfaziam, sempre introduziam uma nova: Esquizofrenia? Transtornos Bipolar? Eis a questão.
Mudanças de antipsicóticos: Haldol, Risperidona, Valproato, até chegar ao Bálsamo de Ferrabrás, a Olanzapina.

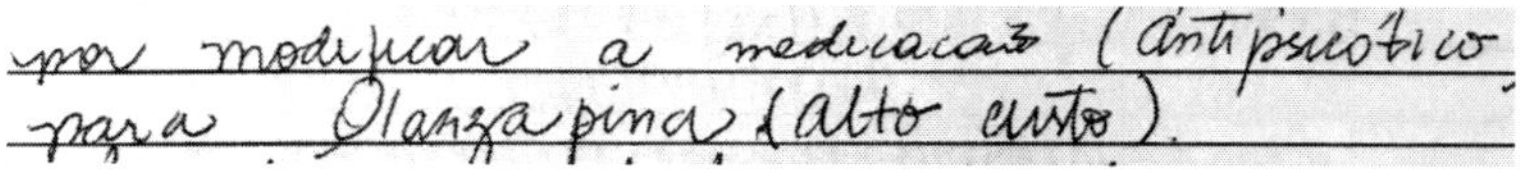
por modificar a medicação (antipsicótico para Olanzapina (alto custo).

Com alto custo, conseguiram atacar o coração do delírio e a alta foi ficando próxima. A derrota da loucura.
De início, umas saidinhas no fim de semana com o ex-marido, encarregado de anotar meu comportamento. Foi ele a pessoa que mais ataquei porque foi a única que permaneceu.

É assim, sabe, a gente agride justamente quem a gente sabe que vai aguentar.

Sim, os outros sumiram por muito menos.

Apareceu Aparecida

Com a minha mãe sempre fui uma santa, toda vida. Todavia as coisas mudaram.
Já perto do período da quase alta, ela apareceu na segunda clínica pra uma visitinha, pela primeira e única vez, após quase dois meses internada. Apareceu com aquela cara de cínica de sempre, obviamente sem nenhuma emoção genuína ou consternação ou constrangimento por me ver naquela situação, só esperando o momento pra dar o bote, pra dizer pra eu me aposentar.
Vai ver ela queria ajudar de alguma forma...
Ah sim, a meta de uma vida inteira tava tomando forma, corpo agora: meu corpo inválido. Me contaram que até pra 25 de março ela queria ir, imagina. Pra ela, era como se estivesse me visitando no SPA, assim, dia de festa. O médico que me acompanhava na época solicitou uma conversa com a Aparecida e ela desapareceu

como sempre, aquela que só aparece quando não é solicitada não deu as caras pro doutor, só deixou essa carta endereçada a ele, que ficou puto e não leu. Fez bem.

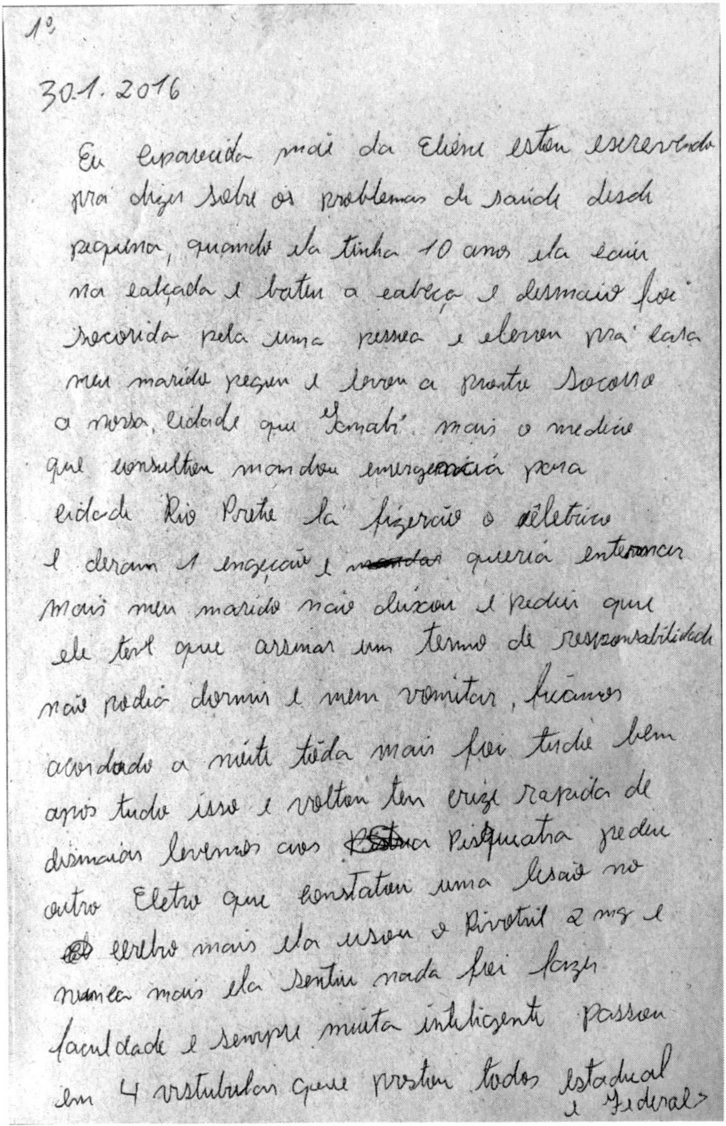

1º

30.1.2016

Eu Aparecida mãe da Eliene estou escrevendo
pra dizer sobre os problemas de saúde desde
pequena, quando ela tinha 10 anos ela caiu
na calçada e bateu a cabeça e desmaiou foi
socorrida pela uma pessoa e levou pra casa
meu marido pegou e levou a pronto Socorro
a nossa cidade que é Tanabi mais o medico
que consultou mandou emergência para
cidade Rio Preto la fizeram o eletro
e deram 1 injeção e queria internar
mais meu marido não deixou e pediu que
ele teve que assinar um termo de responsabilidade
não podia dormir e nem vomitar, ficamos
acordado a noite toda mais foi tudo bem
após tudo isso e voltou ter crise rapida de
desmaiar levemos aos Psiquiatra pediu
outro Eletro que constatou uma lesão no
cerebro mais ela usou o Rivotril 2 mg e
nunca mais ela sentiu nada foi fazer
faculdade e sempre muito inteligente passou
em 4 vestibular que prestou todos estadual
e Federal>

Deu branco

2º sem escola particular e nem cursinho 17 anos
foi estudar em S. Carlos, só que ela era uma
menina depremida era dificil amizade, ela estava
sempre comigo e meu marido, duas vezes fomos
buscar a mundança dela, ela sempre voltava
pra faculdade até se formar Psicologa, mais quando
acabou de se formar veiu em casa tentou suecidio
três vezes, mais Graças a Deus não aconteceu nada
ela dizia que não conseguia emprego, mais foi
trabalhar no foro passou concurso, depois passou
concurso Rio Preto 3º lugar veio pra São Paulo e passou
3 concurso, e Rio Preto trabalhou 2 anos muito bem
mais hoje esta em São Paulo trabalhando no
Hospital que levou tudo essa situação de
sanidade ela tem intiligencia para passar concurso
mais o emocional dela na aguenta fica mal
na familia dela eu mãe tomo medicamento faz
32 anos porque tenho aderretimia no cérebro uso
remedio controlado, avó dela também 3 irmã de
minha mãe todas depressão e aderritimia no
cérebro, todo ano eu Aparecida mãe dela faço
eletro, sempre dá alguma lesão porisso, tomo
guardenal e anti depressivo, pois peço aos medicos
entao cuidando dela fazer tomografia e
resonancia, e eletro da cabeça, pois precisa
pertu Rio Preto

Eu sei que você, cidadão da classe média previsível, vai dizer: "ah, coitada, semianalfabeta, não teve oportunidade na vida, é vítima das circunstâncias, da ignorância."

E não é?

Eu te respondo, com conhecimento de causa, que a ignorância no sentido mais lato ali era mais que voluntária, era fundada no ódio ao conhecimento. E se você não fosse tão elitista, veria um certo talento dadaísta na Cida.

Sim, as frases fragmentadas, parece a filha.

Esse talento dela pra escrita do caos foi aprimorado ao longo dos anos pra que tudo o que ela dissesse fosse ininteligível ao espectador.

Também tinha a fala desordenada?

Sim, não era só na escrita esse caos, era na fala. Duplos sentidos, ausência de sentido, eu obrigada a ler o pensamento dela, ilegível, pra entender o que ela queria, o que tá me pedindo afinal?

O quê?

Mensagens indecifráveis sempre, intencionalmente. Essa carta a contragosto, teoricamente, era pra justificar ao médico a ausência dela à consulta solicitada, e pergunto: em que ponto o escrito tem a ver com isso?

Ela sempre fez labirintos de linguagem pra presa aqui não ter escapatória, apenas a ilusão da saída. Palavras em arapuca, palavras sem fio da meada, palavras em navalha. De forma que qualquer tentativa de escapatória pela via da tentativa de comunicação era fadada ao fracasso. De qualquer forma, o ódio, a seta na minha direção, a reprovação, a devastação, a desolação. Eu afunilada em uma caixa, num porta-níquel, trancada. A insônia gerada desde a infância, desde os oito anos, na mesma época a eclosão da psoríase no couro cabeludo, a pele em carne viva, o crânio exposto.

O circo

Dizem que toda criança gosta de circo, não foi o meu caso.
Quando eu tinha dez anos, armaram um em frente a minha casa. Tinha um palhaço sem graça pra caralho, tinha um casal de leões confinados num caminhão com grades o dia todo. Presos, esfomeados, magros, a leoa sem um pedaço do rabo. Comiam restos de açougue, roíam os ossos, rugiam. Além dos leões, um macaco na jaula. A atração final, potencialmente fatal, o globo da morte: duas ou três motos girando em uma esfera metálica, o barulho frenético, a ameaça da colisão.
A mãe gostava desse circo, era barato, ela ia todo fim de semana comigo. No meio da semana também funcionava, o espetáculo ia até de madrugada. Eu tinha que acordar às seis pra aula, eu ouvia tudo, não dormia, ouvia o globo da morte enquanto esperava a morte do sono, que nunca vinha.
Nessa época, no dia a dia da vida doméstica, lembro de um dia a mãe ordenar que eu pegasse um martelo. Era ela quem guardava as ferramentas da casa, sem padrão, guardava onde dava na telha. Então, eu tinha que perguntar onde tá o martelo? E perguntei. Já com raiva de eu perguntar, ela disse que tava num certo lugar e não tava, eu olhei, não tava certo, não era ali, eu não vi. Fui tateando tudo depressa, depressa, pra dar tempo de cumprir o prazo curto da entrega. Fui tateando pra achar o martelo rápido, pra não apanhar, ela vivia de urgências, de pressa, me chamar de lerda.
Lerda, cadê o martelo, lerda, burra, vagabunda!
E surra, e surras. Reiteradas, diárias, até a desistência de escapar, até a exaustão.
Muitas vezes aconteceu de o martelo ou qualquer outra coisa que ela ordenava que eu achasse estarem na minha cara, mas a vista embaçava, eu não enxergava nada, dava branco, paralisia, cegueira, e apanhava. A pancada pra acordar.
Os objetos inanimados às vezes se aliam ao agressor. Houve um episódio interessante: pra desligar e ligar a TV um dia, sabe aquelas TVs antigas que precisava girar o botão?
Sei.

Então, girei com uma tesoura. Aquilo, de alguma forma, me gerou culpa, inovar em alguma bobagem me gerava culpa, ainda mais com um objeto pontiagudo. A TV pifou no exato momento em que tentei ligá-la com a tesoura. Por isso, talvez, mais tarde, em parte, a paranoia com as TVs. Naquele dia, criança, tive um colapso, dormi antes da punição que viria. Naquele dia, não apanhei da mãe, apanhei antes de mim mesma, eu o animal paralisado pra enganar o predador.

A mãe, a seta da língua contra mim. E a seta do cabo de vassoura voando na minha direção. Qualquer coisa que voasse na minha direção, se não achasse o martelo, se não achasse a chave de alguma coisa, se não achasse qualquer objeto que ela mesma não sabia onde tava. Mas eu tinha que achar porque quem diz que ela não sabe alguma coisa?

Quem é você pra questionar a mãe?

O cronômetro corre, o prazo vence. Vencido, não achou, lerda, vagabunda, apanhou.

E eu presa com ela entre quatro paredes, a condenação. Mão presente, mãe o tempo todo, mãe invadindo meus pensamentos, meu corpo, roxo. O martelo, pega o martelo. Roxo. O tempo todo, lerda, roxo.

Ignorância nem sempre é falta de oportunidade, muito menos sinal de bondade. Se mamãe tivesse feito o ensino formal teria, sim, aprimorado a própria perversidade, os requintes de crueldade, os métodos de tortura. É o que mais se vê por aí. Teria mais instrumental pra suas carteiradas, como o dotô que iniciou minha internação involuntária logo com uma... carteirada!

A recusa

Sim, ela se recusava a aprender. Ensinei algumas coisas à minha avó, que sempre me pedia, dizia que queria aprender a ler: tentei ensinar letras do alfabeto, algumas palavras, não fui bem-sucedida com aquela pedagogia da sílaba, da cartilha que tive, mas tentei.

Minha mãe, em sua sabedoria, recusava qualquer conhecimento de mim derivado "Tá querendo ensinar o padre-nosso pro vigário?" Querido diário, quem era eu pra ensinar algo pro vigário, eu que nem coroinha era? Engana-se, mamãe, de seu poder de vigário sobre mim, tu não eras só vigário, era bispo, era papa, era Deus. De modo que eu me via sempre obrigada a confessar a Deus, ao Deus do Velho Testamento. Quando eu falava ao padre da paróquia meus pecados, era em ti que eu pensava.
Era sempre eu a ter meu corpo e minha alma em completa transparência, até que Deus enxergasse meus órgãos. E os dilacerasse. Afinal, mamãe, você sempre me dizia como era bom que eu sempre falasse a verdade, mesmo que implicasse apanhar; era motivo pra ser amada, dizia, fale a verdade, fale a verdade, conta tudo pra mãe. Eu estava sempre diante do tribunal materno, aguardando o veredito. E não, você não me amava. E eu apanhava de qualquer modo. E sempre, de todo modo
O inconsciente, o chiste, as risadas não mentem. Ainda mais quando recorrentes, reincidentes, variadas, aparentemente desvairadas e imotivadas.

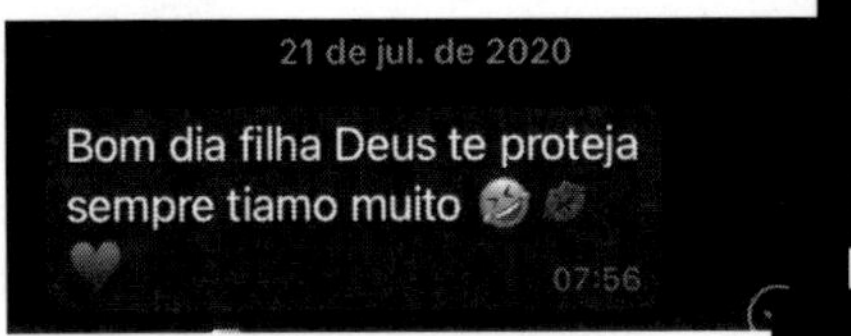

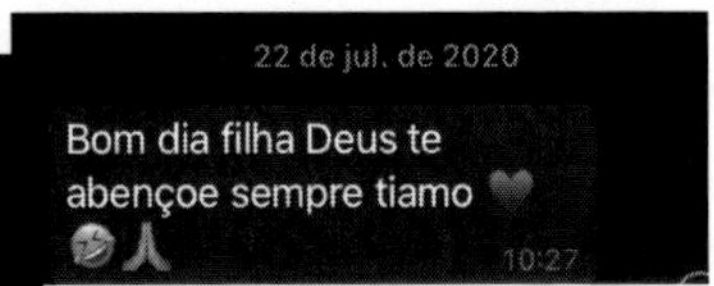

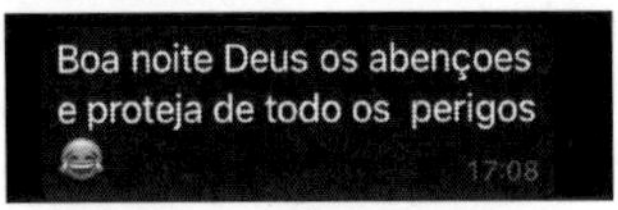

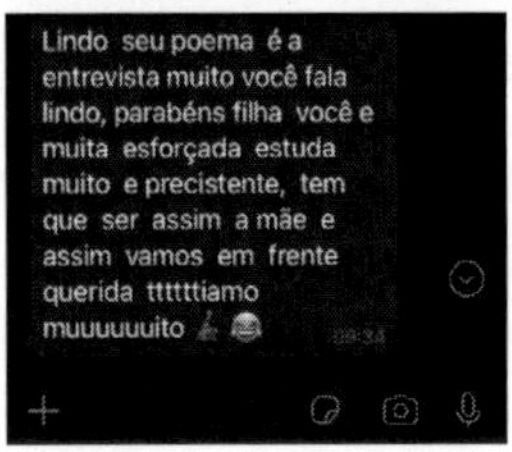

Não é só dificuldade de digitação não? Qual foi seu critério de seleção das mensagens do WhatsApp? Cuidado com amostra viciada...

Ah, mas se pra você a dissonância cognitiva não basta, veja agora uma amostra fidedigna da sabedoria da Cida: ela queria, com sua cartinha escrita com todo desleixo possível, ensinar aos psiquiatras a causa do meu surto. Uma causa biológica, no caso, ter batido a cabeça, forma perfeita de se eximir de qualquer responsabilidade...

Ah, mas o senso comum associa a loucura à pancada na cabeça...

Eu, pancada... Veja, essa carta associando a loucura à queda era mais a necessidade de manter o papel social, a aparência da mãe perfeita. Afinal qualquer criança pode ter uma queda feia, né?

Como ela diz na carta, lá no passado, meu pai teve que assinar o termo de responsabilidade pra ter a responsabilidade que nunca teve em relação a mim, à minha pessoa, à minha vida. E se eximiram sempre que possível, os dois. A cara de pau pede aos médicos, no fim da carta, que cuidem de mim, recusando, assim, mais uma vez, a maternidade, recusando uma única reunião solicitada pelo psiquiatra que me acompanhava.

E a cara de pau mais uma vez quis ser o centro de tudo, a dona do picadeiro, mesmo quando a palhaça fui eu. Eu, que só interessava na medida em que fosse a cópia, o apêndice dela, "tem que ser assim a mãe é assim."

E será que você não é, de certa forma, assim?

A diferença entre mim e mamãe é que a loucura dela nunca gerou internação.

Veja: não tenho nenhuma dúvida, nenhuma, de que meu destino seria ficar internada anos e anos, a vida inteira, no que dependesse dela. A não ser que eu não ficasse assim, tão agressiva, e não desse tanto trabalho, a ponto de o custo/benefício do sacrifício valer a pena, assim receber algum benefício, alguma fonte de renda, né, aí compensa ficar comigo. Por isso, o único assunto quando me visitou foi a minha aposentadoria.

Sobre a causa do meu surto, a dra. Cida sabia mais que os médicos, veja só. Eles enfatizaram como não-orgânico o meu caso, o F29, talvez o F20. Ela reafirmava a lesão na cabeça, pois via em algo embasado organicamente, uma lesão, a possibilidade mais clara de aposentadoria se aventando. Porque, veja, uma lesão é mais objetiva que qualquer manifestação da loucura no comportamento, na fala. Mamãe ressuscitou a própria história da psiquiatria, disciplina calcada na impossibilidade de se firmar como outras áreas da medicina pela ausência de lesões no cérebro que justifiquem a fenomenologia dos sintomas de loucura. Por nunca ter achado a base biológica concreta no cérebro, a psiquiatria nunca alcançou o status pleno positivista de ciência. Mais adiante, na história, evoluiu para o estudo dos neurotransmissores, mas falar disso não cabe agora. A dra. Cida se viu como o gênio da humanidade capaz de refazer a história, que Pinel que nada, Cidinha é que é revolucionária, revisionista.

E o tanto de doenças que ela inventou ao longo da vida de sua filha... Primeiro, o sopro cardíaco por volta dos cinco anos. Insistiu tanto em exames descabidos, reiterados, meu corpo enfiado em maquinários, que acabou confirmada a hipótese da dra. Cida. O sopro, o início do roubo do meu sopro de vida. Nunca tive nenhum sintoma, nenhuma necessidade de intervenção cirúrgica. Por que mamãe criou essa hipótese diagnóstica absurda? Segundo ela, porque quando chegava perto de mim, meu coração disparava e a blusa chegava a saltar. Daí, eu concordo, mãezinha, meu coração sempre pulou por ti. De pavor.

Não satisfeita em furar o coração (ela dizia que o sopro era um buraco cardíaco), dra. Cida partiu pro ataque ao cérebro, quem sabe uma lobotomia.

Mais tarde, ela aventou a hipótese da tal epilepsia, a "aderritimia"
Causada pela queda? Mas olha, acho que isso até que é possível...
A minha explicação pra queda aos dez anos é que a irmãzinha que tanto imitava mamãe, a irmãzinha sete anos mais velha, atravessou a rua praguejando contra mim, na ida à escola. Ela dum lado da rua, eu do outro. A raiva, o desgosto, subiram na cabeça, a cabeça ferveu e caí na sarjeta. Já sofrendo de insônia na época,

mal alimentada, caí de raiva. E uma boa alma lá socorreu, né, uma pessoa, né mamãe? Existem pessoas por aí...
Veja, ela nunca se satisfez com as negativas das lesões nos exames. Eletroencefalogramas repetitivos, borrachas no meu crânio, eletros e mais eletros até algum médico confirmar a hipótese que ela defendia porque ela tinha a mesma coisa, coitada, dizia, a filha era igualzinha.

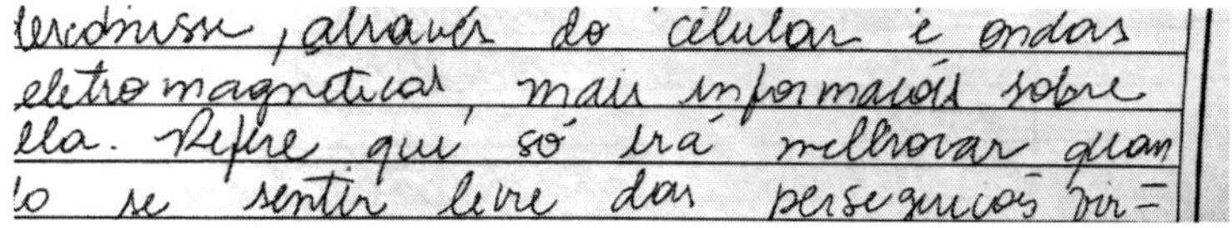

tendências, através do celular e ondas eletromagnéticas, mais informações sobre ela. Refere que só irá melhorar quando se sentir livre das perseguições vir-

Com algum esforço ela conseguiu o aval médico pra me dopar... de Rivotril. O plano, a longo prazo, da incapacidade, começou a tomar corpo, a ser posto em prática.

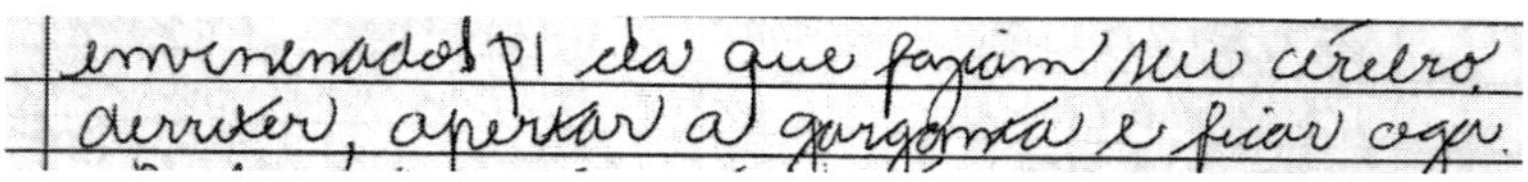

envenenados p/ ela que faziam seu cérebro derreter, apertar a garganta e ficar cega.

(Desculpe a repetição de trechos e amostras fora de contexto, mas achei pertinentes esses recortes de prontuário aqui. O tempo não é, assim, tão linear, o tempo na verdade é do avesso).
Depois de mamãe começar a me viciar no benzo, um novo médico contrariou o diagnóstico com um novo eletro que não acusava nenhum foco epiléptico. E nunca houve epilepsia na prática, de fato; nada de me debater em quedas. Aquela aos dez anos na rua, do galo na cabeça que, segundo ela, levou à lesão, jamais identificada, foi uma queda abrupta, brusca, de quem teve queda de pressão ou algo do gênero. Nada a ver com epilepsia, ao menos nada a ver com os casos clássicos.
Mas com a procura incessante dela, conseguiu enfim me viciar no Rivotril, o leite materno, de modo que eu não conseguisse dormir ou pensar quando surgia alguma situação em que ficasse sem a droga, o jeito perfeito de me atrelar à mãe. Às vezes, se compadecendo da minha situação, me mandava Sedex com o remedinho,

às vezes descolava uma receita, um esquema bem de tráfico mesmo, né, um quê de corrupção.

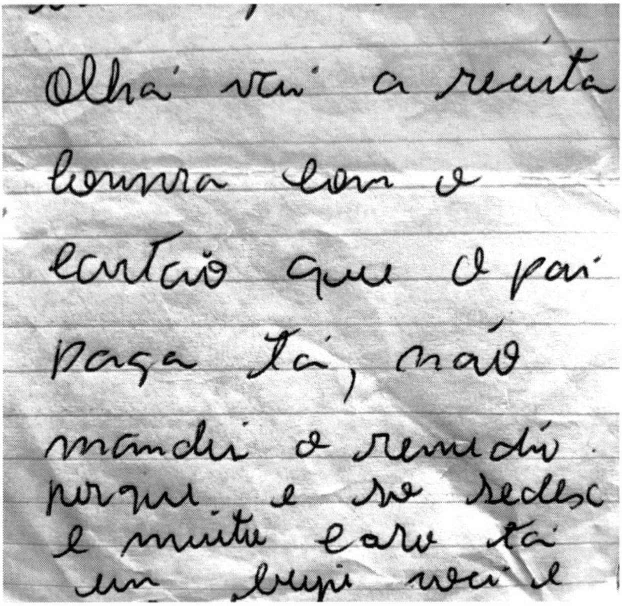

Olhá vai a receita
compra com o
cartão que o pai
paga lá, não
mandei o remédio

Quando faltava a receitinha ou as caixas que mamãe mandava, eu colapsava, era preciso ir a um PS psiquiátrico, caro que fosse pra receber os remédios do traficante legalizado, mas nem sempre ele cedia fácil. Afinal, era a oportunidade de tratar uma drogadicta, dependente química, que se apresentava, e isso rendia mais; um novo diagnóstico, não mais de epilepsia; novo tratamento, 12 passos.

A contradição inerente à procura incansável de dra. Cida por doenças incapacitantes em minha pessoa é que quando eu adoecia de fato, o cuidado comigo era zero. Com sete anos de idade, tive rubéola e, adivinhem, fui à escola com a doença contagiosa. Mesma coisa quando tive catapora, por volta dos doze, contaminei outras crianças. E na vez da caxumba, eu tava com ela em São Paulo, na casa de uma tia, e mamãe me levou, adivinha, ao Playcenter, para nossa alegria.

O início do temor de contaminação delirante traço a partir desses

fatos. Eu carregava comigo também um medo constante de contaminar os outros, de fazer mal aos outros,
o início de tudo foi o medo de desejar a morte da mãe e ela morrer
Culpa mesmo quando
Não, a culpa não é minha.
Adulta, tive pedra na vesícula, e qualquer crise de dor era motivo pra ela lançar farpas em minha direção, um ódio constante, um ódio infinito que era alimentado pela minha existência.
A inexistência, o suicídio, a alternativa quando a existência em si é motivo de ódio. O suicídio materializando o desejo materno de me ver... morta. O suicídio, a obediência final, fatal para me livrar da mãe sem matá-la. O fim do instinto materno, o fim do meu instinto de autopreservação.
Invalidez ou morte...
O motivo de ela ignorar as doenças que existiam de fato era a falta de potencial incapacitante delas, no máximo, em casos raros, causariam a morte. Não seriam capazes de gerar algum benefício, a tão almejada invalidez; não demandariam medicamentos capazes de dopar e simular a olhos vistos o destino final, transformar em vegetal.
As fantasias dela sobre a minha invalidez vinham desde antes de eu nascer. Ela contava que, grávida, tinha muito medo de que eu nascesse deformada. O medo tem um quê assim de desejo.
Desde antes do seio?
Antes de nascer, somos criaturas disformes. No caso humano, a incompletude da forma se estende por anos; andar, falar, ter um rosto de fato, um corpo próprio, uma voz, demora. O que atrai a gente pro mundo novo é a luz, ela precisa ser mais atrativa que as trevas de outrora. E a luz toma forma nos olhos de quem te vê primeiro, no braço primevo que abraça, é aí que se fecha a forma que mais tarde se transforma em sentido da vida.
Eu nunca saí do abismo: a atração pelo retorno, pelo buraco negro que tritura, ficou em mim mais forte que a luz. Não se deu à luz de fato, então permaneço antes do parto, semi-nascida, mas isso é também saber ser só uma partícula no cosmos. Só.

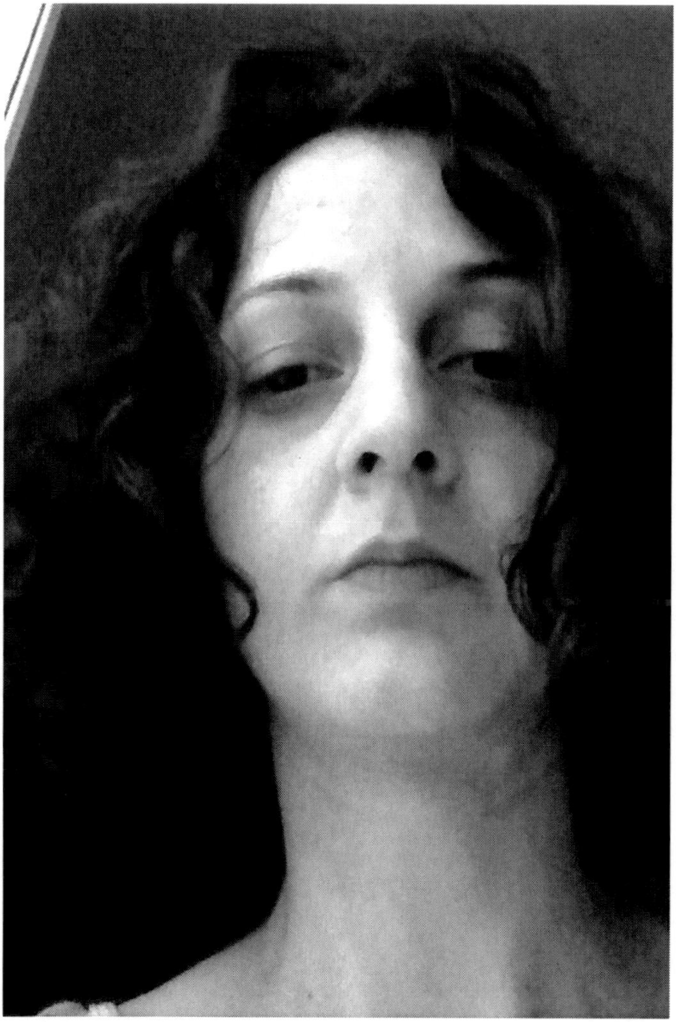

Das três tentativas de suicídio relatadas na maldita carta, me lembro de uma. Nessa, no dia seguinte à aspiração, à lavagem gástrica com o cano atravessando o esôfago, mamãe, com seu ódio habitual, me levou na cama uma apostila do concurso de escrevente do TJ, o tal concurso do "foro" citado na cartinha. Pode parecer algo caótico e absurdo pra quem é de fora,

parece

mas a lógica é clara e óbvia: minha tentativa de morte despertou o escrutínio público sobre ela, sobre sua capacidade materna, então era preciso criar imediatamente o subterfúgio, o projeto de exposição de algo digno de orgulho, eu ser funcionária pública.

Passei no tal concurso pra pedir exoneração dois meses depois, serviu pra dominar um pouco o jargão jurídico, pra me defender. Daí os relatos na carta dela de que eu passo mas não mantenho nada. Será que não sou boa escrava?

Essa capacidade de passar em concurso ela usava pra aparecer pra vizinhança, pra cidade inteira, era hábito dela desde a infância me botar numa bandeja e servir por aí.

Não era orgulho?

Veja, em nada as conquistas que eu tinha adiavam ou aliviavam o ódio privado, o ódio doméstico. A expressão de orgulho era apenas pública e podia facilmente se converter no oposto, a imagem da mãe pura vítima da filha canalha.

Ela não é dramática? Tem filho que ignora essa parte materna chata... Não foi o seu caso...

Quem via de fora: "que mãe cuidadosa, sempre levando a filha problemática ao médico, à igreja, que mãe religiosa!" A sociedade não só perdoa as mães como dá aval às parideiras pra matarem as crias ou aleijá-las.

Exagerada...

Pra você que vê de fora e pra quem adora um clichê.

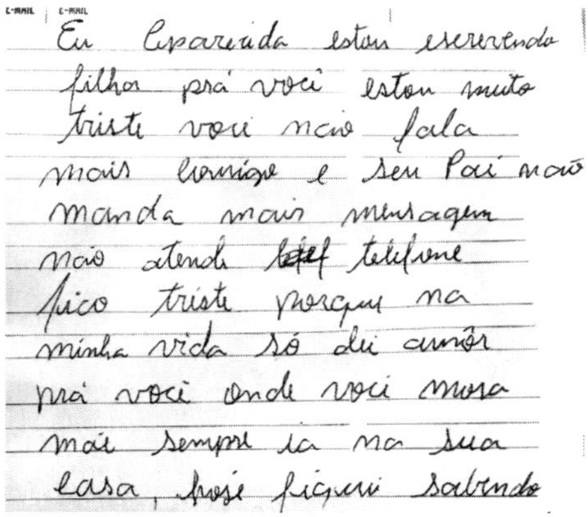
Eu Aparecida estou escrevendo
filho prá você estou muito
triste você não fala
mais comigo e seu Pai não
manda mais mensagem
não atende telefone
fico triste porque na
minha vida só dei amôr
prá você onde você mora
mãe sempre lá na sua
casa, hoje fiquei sabendo

E agora estou eu cumprindo pena pela blasfêmia contra Deus. Ousei desafiar o monoteísmo – o único Deus, cruel e vingador, era você, mãezinha, o Deus que sempre abandona seus filhos. E quem tem que pedir perdão sou eu, cujo pecado só seria perdoado pelo incidente de insanidade mental.

O monte de denúncias que fiz e que, no fim, a polícia não encontrou muito cabimento, também se voltou contra mim. Polícia batendo na minha porta porque, afinal, eu levantei a bunda do sistema pra nada, tinha que provar que era louca pra não ser processada.

A alta

Internação é o mesmo que sistema prisional, se retroalimenta das recidivas. De forma que você adquire antecedentes mentais, mesma coisa que criminais. Tinha gente internada, na segunda clínica, há mais de dois anos. Eu ia adquirindo a certeza de que ia acabar igual. Se fosse solta, qualquer derrapada ia me levar de volta pro cárcere manicomial, afinal a minha ficha tava suja.

Conforme o delírio foi regredindo, tive alta. O que isso significou exatamente? Nada de muito novo, exceto não ter que dividir banheiro com gente porca e poder dar umas voltas.

Nenhum amigo, nenhum parente, só meu ex-marido buscando algo que sobrou... de mim.

Eu tive certa sorte, mas a chance de ter ficado internada anos e anos ou de virar um robô era grande, é isso que acontece com muita gente, com a maioria. Se eu não tivesse voltado à tal normalidade, ou se voltasse com atraso, de modo que me tornasse indiscernível de outros loucos, ia ficar lá na clínica por alguns anos e depois virar um boneco, um vegetal. Atualmente não se dá na maior parte dos casos a internação durante a vida toda porque com a tal da reforma psiquiátrica o sistema não comporta mais isso. Eu ia ser domada de forma adequada, aposentada, de modo que o custo/benefício de ficar comigo valesse a pena, uma bolsa-louca.

A libertação dos loucos se deu com base numa relação custo/benefício, só isso. Tratamento aberto com louco dopado dá menos despesa, menos trabalho, são como os cachorros que de tanto levar choque em experimentos nem percebem quando há a possibilidade real de escape. Desistem, tornam-se inofensivos, custam mais barato, o desamparo aprendido.

Na segunda clínica havia uma senhora que gritava a ininteligível construção vocabular "Maniquiki" o dia inteiro, além de peidar de uma forma que infetava o salão da internação; ela era uma ilustração de treinamento por choque que citei: ia até o corredor, tentava fugir com certa frequência, mas andava uns três passos e ficava paralisada, tomava a noção vaga de que o objetivo de fuga não se concretizava. As enfermeiras até riam disso e pouco se mobilizavam pra impedir as tentativas mirabolantes de Maniquiki, que tinha o hábito de dar a mão a outros pacientes dizendo: "Vamo embora?" Estava ali há dois anos.

Havia outra que também tava presa há dois anos. A gente ia pro banho de sol três vezes ao dia, pra fumar, ela ia junto. Era muito rápida a saidinha, só o tempo de fumar. Se quisesse dois cigarros, acendia um na bunda do outro, não dá tempo. Os tremores nas mãos dessa paciente a impediam de acender o cigarro, então alguma enfermeira, algum paciente, ajudava. Além dos tremores, a saliva excessiva dificultava que o cigarro pegasse fogo. Tremores e saliva, a insistência até conseguir fumar um cigarro mergulhado em baba, até pegar fogo, a brasa. Quem diz que ela desistia, quem diz que apagava?

As enfermeiras não tinham tempo de ficar com paciente nessa área um pouco menos fechada, onde dava pra ver o céu pelo menos um pouco, porque todo o tempo era gasto em aferir a pressão arterial e fazer anotação em prontuário. A pressão era medida umas quatro vezes ao dia mesmo de quem não tinha histórico de hipertensão, mesmo de quem era ao menos aparentemente saudável. Acordavam a gente às seis da manhã pra medir a pressão, depois de dopar à noite com medicamentos que davam muito sono.

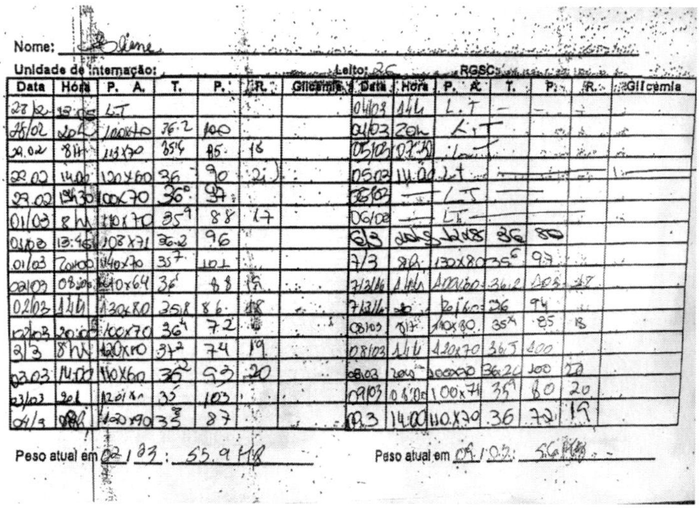

Nome: Eliane

Unidade de internação: Leito: 26 RGSC:

Data	Hora	P. A.	T.	P.	R.	Glicemia	Data	Hora	P. A.	T.	P.	R.	Glicemia
28/02	18:05	L.T					04/03	14h	L.T	—	—		
28/02	20h	100x70	36.2	100			04/03	20h	L.T				
29.02	8h	113x70	35^{6}	85	18		05/03	07:30	L.T				
29.02	14:00	120x60	36	90	21		05/03	14:00	L.T				
29.02	19h30	100x70	36°	97			05/03	—	L.T	—			
01/03	8h	110x70	35^{9}	88	17		06/03	—	L.T	—	—		
01/03	13:45	108x71	36.2	96			6/3	[illegible]	[illegible]	36	80		
01/03	20:00	140x70	35^{7}	101			7/3	8h	130x80	35^{6}	97		
02/03	08:20	110x64	36	88	19		7/3	14h	100x80	36.2	103	17	
02/03	14h	130x80	35.8	86	18		7/3	20	120x60	36	94		
02/03	20:00	100x70	36^{4}	72			08/03	07	110x80	35^{4}	85	18	
3/3	8h	120x80	37^{2}	74	19		08/03	14h	120x70	36.5	100		
03.03	14:00	110x60	36^{2}	93	20		08.03	20h	100x70	36.20	100	20	
03/03	20h	120x80	35	103			09/03	08:00	100x71	35^{9}	80	20	
04/3	[illegible]	120x90	35^{8}	87			09.3	14:00	110x70	36	72	19	

Peso atual em 02/03: 55.9 Kg

Peso atual em 09/03: 56 Kg

Under pressure

Quando você não tem mais ideia do que existe lá fora, o jeito é ficar olhando entre as grades pra rua, como os gatos criados em apartamento. O jeito é olhar para as paredes, que têm mais ouvidos que a maioria.

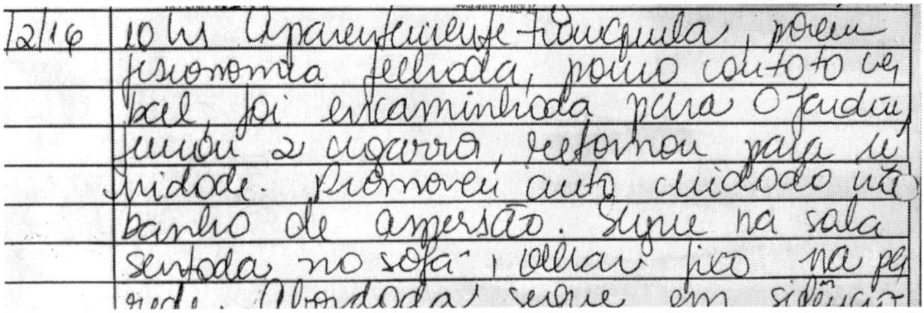
12/16 10 hs Aparentemente tranquila, porém fisionomia fechada, pouco contato verbal, foi encaminhada para o jardim fumou 2 cigarros, retornou para unidade. Promoveu auto cuidado no banho de aspersão. Segue na sala sentada no sofá, olhar fixo na parede. Abordada segue em silêncio

Falar é sintomático, o silêncio também, você não tem o direito de ficar calado, está previamente condenado.

A pena é privativa de liberdade

Voltando à questão da lucratividade ou não do regime fechado, o boom do lucro atual é com drogados: comunidades evangélicas, clínicas de 12 passos geram bastante dinheiro. A família paga qualquer coisa pra se ver livre desses entes preteridos. Nos casos de pobres e miseráveis, o pagamento às comunidades é feito com o trabalho voluntário do internado, afinal o trabalho liberta, só não se sabe quem. Um trabalho assim sabe, por exemplo, de cavar a própria cova no caso de descumprimento de ordens dos conselheiros, um trabalho bem ilustrativo e didático.
Os drogados são os neoloucos, são uns consumistas desenfreados de drogas que são punidos por um sistema que torna todos viciados, pois as redes sociais geram adicções de propósito, como se sabe; os incentivos ao consumo de toda sorte geram compulsões

Compulsões, drogas ilícitas, lícitas...

Hoje a venda de psicotrópicos gera lucros sem precedentes; o número de doenças contempladas em manuais de psiquiatria inchou miseravelmente. Mas há sempre nós no sistema, nós assim como eu, como os drogados que roubam a mãe, esses o sistema não tolera, não perdoa. E prende. Ou deixa inválido.

Mas há o regime aberto...

O louco foi solto pelo serviço público pela mesma lógica da abolição, a de que sustentar o encarcerado passou a não valer a pena, por isso a tal da lei áurea, por isso a tal da reforma psiquiátrica.

Um escravo do qual você não é dono sai mais barato, se morrer é só substituir por outro equivalente, porque gente não falta com essa explosão demográfica. E no caso dos doidos, valem menos que escravo e que criminoso.
A psiquiatria francesa surgiu pelo nó representado pelo louco: não trabalhava direito, então não tinha como adaptá-lo ao capitalismo, não era propriamente um criminoso – nem criminoso é obrigado a aguentar louco – então não dava pra prender assim, em prisão comum. E eis que Philippe Pinel, a princesa Isabel dos loucos franceses, determinou a libertação dos alienados das correntes pra prender no asilo, que lindo, né!
Só que não.
Esses tupiniquins brasileiros gostam de importar todas essas merdas europeias, os tupiniquins mestiços que os eugenistas enfiariam no forno sem dó. Acham lindo tudo o que vem de fora. Não tenho nenhuma dúvida de que eu sofreria uma lobotomia se estivesse na última moda, a moda importada de fora, a última moda da psiquiatria. Da mesma maneira, o eletrochoque, renomeado assepticamente de eletroconvulsoterapia, eu tomaria. Chique, né?
Tinha uma paciente na segunda clínica que tomava choque porque era muito deprimida, choque pra voltar à vida. Veja, o sistema escolhe quem é obrigado a viver. O mesmo bandido alvejado na favela, se tenta pular da ponte, é salvo por alguém. Não tem nada a ver com humanitarismo, mas com controle. Ninguém pode, no sistema, escolher como viver ou morrer.

Nem como pensar...

Recentemente, sonhei que sofri uma lobotomia. O instrumento foi um cabo de vassoura, o cabo da família. Não sei se foi encaixado com um martelo, mas enfim o cabo alcançou o alvo, o destino certo, o lobo frontal. Após o procedimento, eu ainda falava e pensava, chocada que não tava assim, tão sequelada. A capacidade de pensar, a cognição cuja perda fora anunciada, estava ali, intacta.
Psicanalistas, desistam de associar o cabo encaixado ao ato sexual, às vezes um cabo é só um cabo de vassoura, e isso já é muita coisa. Como bruxa, entendo de vassouras e voadoras.

A meritocracia

Quando eu era criança me contaram a lenda urbana da meritocracia: bastava ser obediente, dedicada, esforçada que, mesmo pobre, ia conseguir um lugar ao sol. Eu galguei alguns degraus, entrei na faculdade, fiz pós, fui funcionária pública, olha só que evolução. Fui obediente aos pais, até em exagero, obediente ao Deus que eu chamava de mãe e temia mais que tudo. Sempre fui quieta, a melhor aluna, a mais calada.
Tanto esforço pra nada.

O regime aberto

Não mudou muita coisa exceto a possibilidade de tomar café e fumar quando queria. Perdi a capacidade de relacionamento e de fala durante os dois anos seguintes. Mesmo que tivesse preservado, ninguém me procurou, nenhum amigo, nem recente nem de longa data, nenhum parente.
Um contato ou outro muito esporádico, na maioria das vezes com gente que não sabia da internação. Entre mim e os outros, nas fortuitas aproximações, havia uma redoma, uma cerca intransponível. O que eu pensava quando olhava pra cara de alguém era nos questionamentos que viriam irremediavelmente: e o trabalho? o que anda fazendo?
Nem os questionamentos nem os sentimentos de que seria alvo me agradavam, eu não tinha nada a dizer. Eu era nada.
Não havia nenhum assunto que eu pudesse compartilhar porque minha vida não era mais nada, fui reduzida a pó. Era uma boneca de corda que ia e voltava de lugares próximos, academia, análise, era uma poeira no ar cinza da cidade.
Caí no mutismo e na paralisia. Como Maniquiki, como o esquizofrênico preso por laços imaginários.
Sequências infindáveis de perícias pra manter o salário público. E meu caso emperrou na burocracia de tal forma que não havia o que fazer comigo.

Não te davam opções?
As únicas escolhas: fazer perícia até sabe-se lá quando ou voltar a trabalhar no mesmo lugar que me internou à força, o mesmo que eu denunciei pra polícia, com as mesmas pessoas, o mesmo psiquiatra. Porque, apesar de ser uma rede pública de hospitais, o sistema não dava outra opção a não ser essa super humana e conveniente *a de voltar pro mesmo buraco que te ejetou e que, obviamente, faria coisa pior no retorno.*

Um bem em si pro sistema é você não ter escolha. Não importa o quanto ele tenha que pagar por isso, pra você não ter escolha. Pode te pagar com um "benefício" a vida inteira, olha a beleza do eufemismo, a assistência social também vive de eufemismos.
Fui indo às perícias que prorrogavam minha licença toda vez por um mês, mais adiante por três, toda vez.
Explicar a impossibilidade de voltar ao hospital de origem era o mesmo que nada. Mais um mês, no máximo três, prorrogados, outra vez, toda vez. Afastada. Depois de mais alguns anos, quem sabe aposentada.

Eu que vivi o inferno dantesco asseguro que um representante fidedigno do limbo é uma repartição pública de qualquer natureza. Kafka deu forma de inseto ao inferno, eu dou a forma de mortos-vivos ao limbo burocrático.
As caras em decomposição dos funcionários que assumem a mesma cor do ar cinzento que circula nas repartições, a criação de mecanismos para assegurar que nada nunca sairá do lugar, como a vida de quem se enterrou ali, gavetas e mais gavetas de protocolos, fichas, documentos, encaminhamentos, recibos que asseguram a existência civil, em sacrifício, em detrimento da biológica e carnal, de modo que os cadáveres ambulantes que ali circulam são encarregados de assegurar a existência civil de outros cadáveres
Ou negá-la
De modo que a minha estava prestes a ser negada pela aposentadoria por invalidez e talvez a interdição.
As medicações robotizantes quase fizeram o papel de atacar a parte biológica, não fosse meu estômago de avestruz e a energia de quem parecia que tinha tomado placebo. Mais tarde, foram reduzidas, até zeradas, as prescrições.
Vejam, as formas de validação da existência na esfera civil estão evoluindo agora do papel pro digital. É preciso senha pra acessar a existência. É um avanço, não? Você pode ter uma vida na rede social inexistente no real que creio, ainda persiste. Você pode perder a senha de acesso, pode ser bloqueada, pode até não recuperar mais. E deixar de existir nas redes sociais implica a anulação de praticamente toda a existência,
CANCELADA.

O afastamento

O vaivém burocrático chove não molha não caga nem sai da moita durou mais de três anos infernais. As opções eram desistir ou prolongar a licença até o cansaço institucional, que demorava a ocorrer. Se eles se cansassem antes de mim, iam me aposentar, dar uma grana pra eu parar de existir e infernizar, o aval da invalidez. E nada é tão fácil e tão simples assim, ok, você tem que se esforçar pra se aposentar, só o esforço compensa e pode te levar a algum lugar.

Pra conseguir o aval de incapacidade permanente eu tinha que mobilizar os peritos de alguma forma, ou por meio da pena gerando a vontade de dar um salário praquela pobre coitada, ou por meio do medo, quebrando tudo e ameaçando até o perito querer se livrar de vez daquela desgraça e isso ser mais uma prova de insanidade.

Uma performance era requerida, cara de coitada, louca performática,

Sim, já que o delírio de fato já tinha passado há um bom tempo. Tinha passado, mas eu continuei colhendo os louros da loucura indefinidamente, infinitamente...

Não quis nenhuma das duas opções: me fingir de mais louca do que era, não quis; me fazer de miserável e viver da caridade de quem me detesta, não quis. Viva, Cazuza. Não usei nenhuma das duas estratégias, pedi exoneração do hospital. Escolhi o gênero carta no lugar do teatro. Segue.

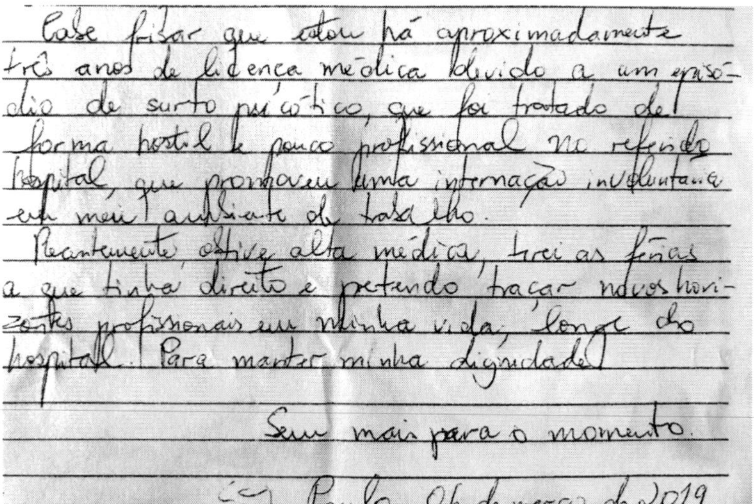

Cabe frisar que estou há aproximadamente três anos de licença médica devido a um episódio de surto psicótico, que foi tratado de forma hostil e pouco profissional no referido hospital, que promoveu uma internação involuntária em meu ambiente de trabalho.

Recentemente obtive alta médica, tirei as férias a que tinha direito e pretendo traçar novos horizontes profissionais em minha vida, longe do hospital. Para manter minha dignidade.

Sem mais para o momento.

São Paulo, 06 de março de 2019

Minha parte eu quero...
Eu podia ter caminhado pra aposentadoria por invalidez. Era só aguentar os bonecos de jaleco chamados peritos por mais um tempo pra que assegurassem a minha incapacidade a ser paga pelo Estado.
Poderia, até porque não me sobrariam muitas opções de outro modo, muito menos a opção do serviço público novamente.
O louco recebe uma espécie de avesso de cota, pois os antecedentes de doença mental são critério de exclusão de qualquer certame público na hora da avaliação da tal saúde mental. Loucura é igual a antecedente criminal... sem prescrição. Uma vez louco, sempre louco.
Ah, mas você pode dar um jeito de esconder.
Digo que tenho pouca ou nenhuma habilidade pra mentir, sou o avesso do mentiroso, sempre entreguei erros que nunca cometi. Bastava passarem pela minha cabeça, imaginá-los, que vinha o instinto confessional.
Mas, de todo modo, o que se pode esconder nos dias de hoje?
Então é melhor expor tudo por aqui mesmo, fotos, documentos e tal. Pelo menos minha versão dos fatos vem junto.
Ao pedir demissão, aleguei dignidade no lugar de insanidade, pra cair fora do ciclo sem fim das perícias. Veja, o sistema não se contentava em me periciar num prédio à parte do hospital que eu trabalhei e que me amarrou; de tempos em tempos, eu tinha que ir lá naquele buraco levar a documentação pra continuar afastada. Lógico, tinha que pagar de alguma forma pelo benefício que recebia, com uma libra de carne de preferência.

Das denegações

Com o relato, fotos, documentos, envolvo meus algozes, meus carrascos, no nó outrora citado, o da loucura.
A configuração que dou ao nó é esta: caso queiram, por alguma razão, me processar, terão que admitir que sou normal, pois louco é inimputável.

Caso eu seja louca, é melhor sustentarem que todo o relatado é delírio. Eu digo apenas que é verdade e que é fictício, como o delírio, como os diagnósticos que fundamentam vossa profissão, como a vida e a memória. Apenas uma escolha possível de nascimento de enredo dentre infinitos latentes, e aquilo que nasce nem sempre é melhor, é em grande parte fruto do acaso. A maior parte está destinada a não brotar. Ou a ser um aborto.

Façam outras narrativas caso queiram, se deem ao trabalho.

Digo apenas que é minha versão dos fatos e que é verdade.

É verdade o que digo, mas mesmo a dor física, que é aparentemente o maior dado de realidade, pode ser imaginária. A dor de ser queimada viva, a dor da tortura.

Caso queiram me processar, terão que admitir que o relato é, ao menos em parte, verídico. Digo que é só verossímil. Explico e dou dica: colocar fotinhos de documentos, ainda mais recortados, por si só, não assegura a autenticidade dos fatos; recortadas, deslocadas de contexto, as coisas podem assumir sentido diverso e até contrário do original. Quem pode deixar o relato mais consistente e verossímil são vocês, se me processarem. Querem arriscar, fornecendo dados de realidade?

Vejam: de fato, poupei nomes de pessoas, locais e instituições. Serão vocês a revelar? Se sim, fica configurada a má-fé, a mera intenção de se dar bem.

De fato, só não poupei a mim mesma, como sempre. E dessa vez não poupei aquela que sempre foi só uma aparição, uma abstração, como a santa de mesmo nome, como a mãe santa, a mãe que criei. Não poupei o nome adequado a quem, de fato, gosta de aparecer pros outros. Assim ela foi desde sempre, meu corpo exibido pra todos, fosse digno de orgulho ou desgosto, exposto. A internação também exposta no covil em que nasci. Embora a exibição partisse dela, eu me culpava pelo excesso de divulgação, pela falta de controle que era aquela locomotiva descarrilada chamada mãe. Eu me culpava.

Não se culpa mais?

Não me culpo mais. Não mais.

Agora eu escolho a exposição deliberada, por minha conta e risco. Mamãe, exposed. Agora, eu no controle. O hospital que me pôs na bandeja pro deleite de todos, também exposto.
E que a culpa, ou melhor, a responsabilidade, retorne a quem ela pertence de fato. A justiça agora, mesmo que retardatária e falha.
Sobre o relato dos fatos da minha internação que aqui faço, se alguém descobrir nomes e instituições, nem tudo está sob meu controle, não é mesmo?
Pensar que tudo gira ao nosso redor é algo delirante, né, é megalomania.
Olha, esse tipo de pensamento gera até internação, viu?
Involuntária, na marra.
Mas nada está oculto, nem as besteiras que vocês escrevem nos prontuários... dá uma certa paranoia isso, né?
Pois é.
Cuidado!
Nada está encoberto hoje em dia, é só dar um Google. Esses sistemas psicóticos conhecem e lembram de tudo, mas
O contra das redes é que elas, como nós delirantes, pouco distinguem verdade de ilusão. Enfim, não fui eu que criei tudo isso, não fui eu que inventei
as fake news
Será que as redes vieram pra mostrar que tudo o que vocês, normais, nomeavam como paranoia, é a realidade mais crua, pois tudo pode ser revelado? E que verdade e mentira, realidade e fantasia têm praticamente a mesma cara?
Será?
Será a justiça retardatária para o pensamento psicótico, que tomou a forma de rede, de tentáculos? Antes, mostrávamos aquilo que o inconsciente dos normais mantinha em segredo, agora ampliamos nosso campo, nossa esfera de alcance.
Talvez agora os paranoicos sejam o novo normal...
Se admitirem minha normalidade com o objetivo de me processarem, admitirão, por conseguinte, a falsidade dos diagnósticos imputados e peremptórios. Pois já expliquei bem, loucura é cri-

me inafiançável e imprescritível e, por mais que venham a tentar negar com seus pedantismos e eufemismos, F29 é a condenação eterna que marcaram na minha testa.
Caso me processem, todo o enredo de barbáries narradas, o show de horrores, todo o circo armado por vocês, terão de arcar, terão que pagar por isso. Terão que admitir, em algum grau, a veracidade do relato e, por conseguinte, terão de confessar o grau de crueldade a mim aplicado, meus caros, caso tentem ganhar uma graninha a minhas custas.
Poderão me chamar de mentirosa no lugar de louca, é claro. O mentiroso está mais próximo da psicopatia, e há uma separação um tanto clara há bastante tempo na psiquiatria entre a "demência moral" e a loucura, com a finalidade de condenar o psicopata por crime comum. Caso afirmem a mentira com aspecto de comportamento anti-social no lugar da loucura, terão que falsear os diagnósticos outrora aplicados, da mesma forma.

Toda mentira tem fundo de verdade. E todo delírio também. Fato. E escrever esse livro não diferiu muito da sequência do delírio.

E no meio de tudo isso confesso que às vezes me sinto fraca e só preciso é de alguém de verdade que me diga o que é verdade, o que aconteceu, o que foi fato... Alguém que me segure ante o abismo, que me dê a mão no precipício
Mas não há quem faça isso, não há quem diga nada porque não há quem possa dizê-lo... É assim a memória, é assim a vida, assim a literatura, assim a filosofia.
Mas, apesar do silêncio, aqui permaneço... Fale mais do processo, Gregor, digo Josef K., digo Elieni...
Asseguro que, caso aleguem minha capacidade no lugar de invalidez com o fito de me processarem, o crime dos meus algozes será bem pior que o meu em expô-los. Caso se sintam constrangidos

com uma bobagem dessas, a violação de uma honra tão burguesa, o molho pode sair mais caro que o frango. Terão que admitir um crime bem pior, que pode levar, no melhor dos casos, à cassação de registros profissionais, e talvez sejam presos como eu, quem sabe, o cárcere: diagnóstico forjado, cárcere privado, sequestro, tudo de que foram por mim acusados durante aquelas ligações na primeira clínica, ligações que geraram até inquérito: veja a minha capacidade de convencimento. Se surtada, se internada, a capacidade de persuasão foi tão grande, imagine agora o que essa degenerada será capaz de gerar. Esse livro é uma pequena, uma singela amostra.

Se tentarem um processo judicial, transformarão uma ficção autobiográfica em romance policial com toque jornalístico e policialesco. E assim darão mais material pra que eu continue a narrar, a contar, a relatar.

A maldição, o inferno de vocês, será eu nunca parar, 1.001 noites sem morrer, sem parar.

Não morrerei, não vou parar de contar, asseguro, o demônio mudo se foi. A maldição de vocês será EU NÃO MORRER.

Sugiro aos meus algozes que ignorem todo o relatado e continuem no pedestal de sempre, de donos da verdade e dos fatos. Não convém dar corda a maluco, mas se derem, porventura, pode ser que eu ate o nó de vez. E os enforque.

De minha parte, afirmo que estou de peito aberto, porém não desarmada. Qualquer coisa gerada a partir desse relato, acolherei e aceitarei de bom grado, com uma carabina.

E vejam o outro lado, porque tudo tem um lado bom, não é isso que me ensinaram?

Pra essa papelada destinada a virar pilhas e uma pira só após décadas, a esses prontuários com relatos monocórdicos, monótonos, mimetizados, a essa papelada assim deslocada de contexto, ofereço o fogo do relato. E a vocês, papagaios, plagiários, que escrevem os mesmos termos há décadas, a despeito da mudança dos pacientes, a vocês que aferem de hora em hora a pressão, a vocês e a seus chefes que, no processo de nos transformar em coi-

sas não se dão conta de que já são como os móveis da enfermaria há muito tempo – a prova do que digo é que eu colar um trecho de qualquer um aqui não faz diferença, o anonimato não fui só eu que introduzi, ele é fato, a sentença é sempre a mesma, a mesma língua, aposto que nem vocês próprios se reconhecem, a mesma ladainha, seja médico, enfermeiro, auxiliar, a característica mais forte é de não ter autoria, é a falta de uma pessoa escrevendo, a desumanização de quem escreve jargão e não se dá conta de que pode ser substituído por outro qualquer a qualquer momento sem que ninguém perceba, a qualquer hora, qualquer trecho de qualquer um copiado e colado aqui é a mesma coisa, a mesma bosta, é qualquer coisa.
A engrenagem do mal funciona melhor sem um autor específico, algo anônimo é assim mais fácil de ser executado. Toda peça do sistema pode ser facilmente substituída quando o mal é impessoal. Mas ofereço a vocês, às suas vidinhas pacatas e sustentadas, alguma dinâmica, coloco movimento nessa água parada, trago vivacidade, balanço, novidade. O que não circula apodrece. E cai. Vocês, da área da saúde, sabem bem, são experts em necroses e ataduras.
Estou ciente de que a quantidade de ressalvas supracitadas para evitar processos é exagerada, que a preguiça mental generalizada me fará evitar dissabores, sei que não leem nada ou apenas material de muito fácil digestão pra quem tem um estômago assim, bem especializado. E com isso, carecem da faculdade da imaginação e da interpretação de texto. Mas, como tudo tem dois lados, esse déficit pode ser também um aliado: podem, sei bem, operar recortes desonestos no que foi dito e tentar se dar bem.
Logo com quem, com quem se tornou especialista em recortes...
No fundo, no fundo, eles são os últimos leitores que quero. No fundo no fundo, só quero um leitor com quem eu possa conversar, alguém que possa assim me escutar, sabe, alguém que não queira me amarrar,

Será Você?

Com tudo isso, acabo de te prender nesse nó que nunca desata na história, o da loucura. Se eu me dedicasse a falar sobre todas as circunvoluções possíveis desse novelo, desse nó infindável, não pararia de falar nunca, não pararia de falar de todas as implicações de tudo o que acontece, de todas as possibilidades inesgotáveis de desfecho desse relato. E da vida. Mas pelo cansaço, que às vezes não chega para o louco, pelo cansaço, é preciso cessar. Ceder. Simplificar a vida pra ceder à sanidade, à lucidez, que é calcada no fim, no fim do relato.

Na teia do relato, emaranhados: dessa teia assim cuspida pode haver saída, o fio de Ariadne, quem sabe.

Citação inicial (adaptada)

Roland Barthes. O prazer do texto. Tradução de J. Guinsburg. São Paulo: Perspectiva, 1987.

Índice onomástico

Hannah Arendt, Jacques Lacan, Machado de Assis, Sylvia Plath, Cervantes, George Orwell.
Cadernos do IPUB da UFRJ.

Agradecimentos

A Marina Souto, Filipe Ferreira, Priscila Fernandes, Luana Cristina, Deborah Brum e Nadiá Paulo, pela leitura do livro em várias etapas, pelo afeto e companheirismo.
A Carlo Caputo, por tanto.
Ao menino que deu as bolachas-maria à menina.

Esta é uma obra de ficção. Os acontecimentos e pessoas nela mencionados, embora reais, foram submetidos à fabulação, à memória, ao inconsciente e à fantasia.

#tudocomeçanalivraria
#QuixoteDo2022
#Laço de fita

1ª edição [2022]

Esta obra foi impressa na Gráfica Formato
em papel Pólen Bold FSC $90g/m^2$
para a Quixote+Do Editoras Associadas.

MISTO
Papel produzido a partir de fontes responsáveis
FSC® C092828

Selo "FSC®" – Forest Stewardship Council (Conselho de Manejo Florestal) é obtido por empresas que têm sua operação avaliada, garantindo que o papel usado na impressão é produzido de maneira ambientalmente adequada, socialmente benéfica e economicamente viável. A Formato é certificada desde junho de 2010.